👀 "2015년 학원 운영의 커다란 난관 앞에서 해답을 찾기 위해 선택한 3P자기경영연구소! 바인더 코치 과정의 마스터였던 작가가 내게 해주었던 촌철살인의 한 마디를 지금도 잊을 수가 없다.

"코칭을 하려 하지 말고 터칭을 하세요."

이렇듯 사람의 마음을 만질 줄 아는 그가 드디어 성공의 도구를 공유한다고 하니 그의 타자공헌의 자세에 뜨거운 박수와 응원을 보낸다."

엘포트러닝센터 영어학원장 **강은영**

👀 "이재덕 작가와 함께 있으면 행복해집니다. 그의 마음은 속이 꽉 찬 배추 같고, 지친 사람에게 아낌없이 주는 나무와 같습니다. 그는 남들이 실패했다고 생각하는 사건을 성공이라 말하고, 삶에서 성과로 연결시키는 마술같은 재주가 있습니다. 그는 독서, 정리력, 바인더, 나비라는 도구로 자신의 삶을 변화시키고 사랑과 나눔의 마음으로 타인의 삶을 감동시키는 리더입니다."

《내 인생의 주인공은 나야 나》의 저자 **이인희**

👀 "독서팬더 이재덕! 재덕 형님이 쓴 책 《어쩌다 도구》는 대나무같은 책이다. 대나무는 5년 동안은 길고 긴 뿌리를 내린다. 눈에 보이지 않는 땅 속에서는 대나무는 이미 엄청난 성장을 한 것이다. '어쩌다 만난 4가지 도구를 통한 성장'이라는 주제로 재덕 형님이 준비하고 적용한 삶의 시간을 보았다. 저자의 뿌리는 깊고, 넓고, 단단하다. 이 책을 읽는 순간 나도 할 수 있다는 자신감을 가지고 작게나마 실행할 수 있는 위로를 받을 것이다."

《나는 스타벅스보다 작은 카페가 좋다》의 저자 **조성민**

😎 "그는 왜 '확 확' 성장하고 나는 왜 '조금씩' 성장하는가?! 이 책을 읽고 나서야 그 이유를 알았다. 두고 봐, 독서 팬더 이재덕. 이 책이 세상에 나왔으니 나도 이제 따라잡을 수 있다.!! 야호"

울산 희수자연학교 원장 백승미

😎 "이재덕 저자는 상대방 안에 감춰진 가능성을 발견하고 그 안에 잠들어 있는 거인을 깨우는 탁월함이 있습니다. 그리고 그는 강사로서 자신의 지식과 정보만을 전달하는 것이 아니라 한 사람 한 사람을 소중하게 여기고 자신이 줄 수 있는 모든 걸 쏟아 냅니다. 그 모습을 곁에서 지켜본 사람들은 그의 열정과 진심에 감동받게 되어 있습니다. 저자의 탁월함과 열정이 담긴 이 책이 많은 이들에게 알려지고 선한 영향력이 널리 번져가길 소원하고 기대합니다."

《내가 얼마나 만만해 보였으면》의 저자 전대진

😎 "두 사람이 있다.
같은 땅을 한 사람은 삽으로, 다른 사람은 포크레인으로 판다.
이들의 결과는 어떻게 되겠는가?
당신에게는 어떤 도구가 있는가?
혹시 숟가락으로 땅을 파고 있지는 않은가?
수많은 게임에서도 이제는 아이템 전쟁이다.
좋은 아이템이 많을수록 승리하기도 쉽다.
눈앞에 놓인 활과 대포.
당신은 무엇을 들겠는가?"

준스피자 대표 조병준

사전 생각 정리 도구

Key Word

○ 이 책의 예상 키워드는 무엇일지 생각해서 메모해보세요.

이 책에서 얻고자 하는 것은?

○ 읽기 전, 이 책을 읽으면서 얻고 싶은 것이 있다면 메모해보세요.

어쩌다 도구

어쩌다 도구

'될 수밖에 없는 Tools'

이재덕 지음

더 이상 툴툴 대지 말고
도구(Tool)와 함께
성장의 환경을 만들어라!

개천에서 '용' 썼다

"어쩌다가 널 사랑했나봐, 죽을 만큼 널 사랑했나봐~."

'란'이라는 가수의 〈어쩌다가〉 노래 가사다. 어디서 한번 들어본 적이 있을 것이다. 책을 쓰면서 참 많은 생각을 하게 되었고, 그동안의 삶을 돌아보게 되었다. 그러다 문득 든 생각! '어쩌다' 인생이 이렇게 흘러왔구나. 당시에는 미처 몰랐다. 삶의 주인인 나도 모르게 인생은 흘러왔다. '어쩌다' 이렇게 책까지 쓰게 되었다.

O TVN 방송에 한 특강 쇼의 제목이 '어쩌다 어른'이다. 아무도 어른이 될 준비를 하거나 어른으로서의 삶을 제대로 생각해보지 못했다. 실패하고 사랑하고 헤어졌다 또 회복하면서 산다. 그러다가 생각도 못했는데 어른이 되었다. 아니 돼버렸다. 그게 인생이 아닐까 싶다. 세렌디피티(Serendipity)! 어느 교육에서 들었던 표현으로 예기치 못한 행운을 뜻한다. 삶 속에서 맞이하는 순간들을 들여다보면 생각한 것이 현실로 드러나는 것만큼 생각지도 못했던 것이 현실에

나타난 경우도 상당히 많다. 32세까지의 삶은 개천에서 참 '용을 많이 쓴' 삶이었다.

6년 동안 1반 밖에 없던 시골학교 출신 촌놈, 지하철 환승이 두렵고, 서울에 갈 때는 정장을 쫙 빼입어야 한다는 것을 믿고 30년 평생두 번 밖에 서울에 못 가본 사람. 대학교에서는 지지리도 공부 안 해서 1학년 때 학점을 1.4점을 맞은 낙오자. '책은 수면제요, 침대'라 생각하며 32년 동안 읽은 책이 3권 뿐인 독서초보. '함께하는 삶은 의미가 없다. 나 하나 잘 살면 그만이다'라는 이기적인 마음으로 혼자 즐기던 철없는 남자. 믿을지 모르겠지만 이게 저자의 32년 '흑'역사다. 딱 그렇게 32년을 살았다. 의지와 노력으로 변할 수 있다는 미명하에 열심히는 살았다. 대신 너무 열심히 술 마시고, 당구치고, PC방에서 밤을 새곤 했다.

2017년 4월 1일 만우절날, 거짓말처럼 인생이 변화되기 시작했다. 〈오피스 파워 정리력〉이라는 이름으로 인생에 첫 유료 강의를 런칭했다. 서울시 송파구 문정동에 있는 3P자기경영연구소에서 펜 하나로 적용할 수 있는 실용적인 독서법을 가르치는 '독서법 강사'가 되었다. 2017년부터 중국 베이징, 몽골 울란바타르, 미국 LA에 강의를 가는 상황이 되었다. 대구에서 태어나 혼자 책 한 권 읽기도 힘들어했던 독서초보가 혼자서 8개월 동안 차비로만 500만 원을 들여 교육을 들었고, 독서포럼 나비를 만들어 〈3P바인더〉와 〈본깨적 독서〉를 영남권역 사람들에게 알리는 '미친 영향러'로 변했다. 한 번도 생각해 본 적이 없었던 것들이 인생에 들어왔다.

'어쩌다 도구!'

6년이라는 시간 동안 4가지 도구와 함께 꽤 빠른 성장을 하고 있다. 그 도구들이 바로 이 책의 핵심 키워드인 '본깨적 독서, 정리력, 3P바인더, 독서포럼 나비'이다.

4가지 도구들을 통해서 인생에 중요한 키워드를 만날 수 있었다.

첫 번째 도구는 〈본깨적 독서〉이다. '본깨적'이란 책의 핵심을 보고, 나의 언어로 깨달은 것을 삶의 현장에 적용하는 방법이다. 책을 그저 열심히, 눈으로만 읽는 것이 아니다. '본깨적'이라는 생각의 프레임을 통해 손과 펜을 활용하여 읽는 것이다. 독서를 하면서 생각될 수밖에 없는 도구를 만나게 되었다.

두 번째는 〈정리력〉이다. 인생의 책이 된 《청소력》을 읽고 정리에 눈뜨기 시작했다. 그렇게 100권 넘는 청소와 정리에 관한 책을 읽고 깨닫게 되었다. '정리'란 단순히 버리는 것이 아니라, 핵심을 찾기 위해서 불필요하고 덜 중요한 것을 버리는 것. 그렇게 정리를 통해 찾은 핵심에 집중될 수밖에 없는 도구가 〈정리력〉이다.

세 번째는 타이탄의 도구와 같은 〈3P바인더〉이다. 인생에 있어서 가장 귀한 스승이 있다. 3P자기경영연구소의 강규형 대표님이다. 대구에서 아무것도 모르고 배움을 위해 서울에 올라올 때마다 가슴 터질 듯한 동기부여를 해주고, 꺼지려고 할 때마다 열정을 지속하도록 도와준 고마운 은인이다. 그에겐 타이탄의 도구들이 있다. B&B 시스템(Binder & Book)이라고 불리는 '3P바인더'와 'Book'이다. 그는 책을 단순히 읽는 것에서 그치지 않고, 철저하게 적용을 하여 업무에서 성과를 많이 낸 이력의 소유자다. 그를 통해 적용될 수밖에 없는 도구인 〈3P바인더〉를 만나게 되었다.

마지막으로 이런 멋진 도구들을 담을 수 있는 대단한 도구가 있다. 누구나 성장 될 수밖에 없는 도구인 〈독서포럼 나비〉이다. 최근에 가장 감명 깊게 본 책에서 인생의 성장 키워드를 찾았다. 그것은 바로 환경이다. 벤저민 하디의 《최고의 변화는 어디서 시작되는가》를 통해 변화와 성장의 해답은 우리가 놓여 있는 환경과 상황에 있다는 것을 깨달았다. 단순히 열심히 노력하고 열정과 의지로만 변화를 하기에는 한계가 있다. 진정 변화하고 싶고 성장하고 싶다면 그렇게 될 수밖에 없는 환경이 절실히 필요하다.

2013년부터 시작해 독서포럼 나비(나로부터 비롯되는)를 운영하면서 책을 열심히 읽을 수밖에 없었고, 그분들께 한 가지라도 더 제대로, 좋은걸 드리기 위해 더 열심히 준비할 수밖에 없었다. 그렇게 환경을 만들자, 의지와 노력으로도 극복할 수 없었던 것들을 해낼 수 있었다. 그야말로 성장될 수밖에 없는 도구를 제대로 만난 것이다.

생각의 도구 〈본깨적 독서〉, 집중의 도구 〈정리력〉, 적용의 도구 〈3P바인더〉, 이런 것들을 담을 수 있는 성장의 도구 〈독서포럼 나비〉. 이렇게 4가지 도구들을 만났다. 그야말로 '어쩌다가!!'

이 글을 읽고 있는 독자들에게 전하고 싶은 메시지가 여기에 있다. 사람은 도구를 사용하면서 성장했다. 그야말로 도구의 역사이다. '불'이라는 도구, '철기'라는 도구, '컴퓨터'라는 도구. 세상에서 가장 지혜롭고 건강하고 부유한 사람을 타이탄이라 부른다. 그들은 하나같이 자신만의 도구를 필살기로 사용하고 있다. 역사 속에서도 도구의 힘을 느낄 수 있는 표현이 있다. 고대 그리스의 아르키메데스의 말이다.

"나에게 설 땅과 충분히 긴 지레를 주면 지구도 움직여 보겠다."

그렇게 사람은 '도구'를 통해 성장하고 변화한다. 이왕이면 그렇게 될 수밖에 없는 환경을 만들어 낸다면 금상첨화다.

32년 동안 도구의 힘을 사용하기보다 '술, 담배, 컴퓨터 게임'이라는 도구들에 당하면서 살았다. 그렇게 정말 '개천에서 용쓰면서' 살았다. 필연이든 우연이든 삶 속에서 큰 변화를 맞이하고 있다. 6년 동안 누구보다 실패하고 실수하며, 눈물을 흘렸다. 그런 상황 속에서도 놓치지 않던 4가지 도구들! 도구를 만나면서 될 수밖에 없는 환경에서 느꼈던 저자의 팁들과 생생한 사례로 구성을 해놓았다.

이 책을 훑어보고 있는 당신에게 《어쩌다 도구》가 어쩌다가 들어와 있다. 책을 읽든 지나가든 당신은 행복한 사람이 되길 바란다. 인생의 주인공답게 살아가길 바란다. 그렇게 되기 위해서 인간의 가장 큰 특징인 '도구'를 제대로 사용하길 바란다. 그리고 만약 책을 읽게 된다면 제발 그냥 넘기지 않길 바란다. 펜을 들고 밑줄도 긋고, 노트에 정리도 해보고, 다른 사람에게 알려주면서 내 것으로 만들어 보길 바란다. 그렇게 하다가 잘 안 되길 바란다. 그렇게 답답해 보길 바란다. 답답한 당신에게 이렇게 이야기 하며 책을 시작하고 싶다.

답답한 당신이여, 잡아라!! 《어쩌다 도구》

'어쩌다 도구'로 세상을 구하고 싶은

도구 팬더 이재덕 Dream

책은 천사다

30만 명에게 강의를 했다. 그중 하나였다. 저자는 명문대를 나온 것도, 학점이 좋은 것도 아니고, 업무에서 탁월한 성과를 낸 것도 아니다. 애교 정도를 넘어선 진한 사투리는 강사에게 치명적이다.

Anyway(그래도), 그럼에도 불구하고 2013년 첫 강의를 어설프게 수강한 이후 2015년 '3P자기경영연구소' 입사를 했고, 2017년 〈오피스 파워 정리력〉 8시간 세미나를 런칭했으며 '3P자기경영연구소' 양대 축 중에 하나인 〈독서경영 기본 과정, 리더 과정〉 메인 강사가 되었다.

30만 명 교육생 중 이 정도의 극적 반전을 이룬 사람도 드물다.

그중 하나로 시작해 특별한 하나−별이 되었다.

술·담배·게임이란 도구를 사용하며 평범, 그 이하의 삶에서 허우적거리다 네 가지 새로운 도구 〈본깨적 독서, 정리력, 3P바인더, 독서포럼 나비〉를 만나면서 극적인 인생 역전에 성공했다.

불과 4~5년만에 평범에서 비범으로, 좋은 것에서 위대함으로 무소의 뿔처럼 달린 돌파 스토리다.

정채봉 작가는 "광야를 보낸 자식 콩나무가 되었고, 온실로 보낸 자식 콩나물이 되었다"고 한다. 그도 저도 아닌 콩가루 될 뻔 했던 저자가 3M정신(맨손, 맨발, 맨몸)으로 명강사의 반열에 올랐다.

그 앞에서 흙수저 이야기 말라. 가방끈, 촌놈, 3포 세대 말하는 그 입 다물라.

8개월 간 교통비만 500만 원에 12,600km를 오가며 치열하게 공부했다. 스폰지처럼 흡수하며 몸을 던졌다.

애플 상근 변호사이자 세계 최고 지구력 운동선수 아멜리아 분(Amelia Boone)은 등록금 대출 빚에 시달리면서도 24시간 장애물 경주인 제 1회 월드 터피스트 머더(World's Toughest Mudder) 대회에 참가했다. 참가비 450달러로 막대한 지출이었다. 1000여 명 참가자 중 11명만이 성공한 완주자 명단에 포함됐다. 그녀는 다음과 같이 이야기한다.

"인생의 다른 문을 열려면 반드시 참가비를 내야 한다는 것을. 여윳돈이 생길 때까지 기다리는 사람에겐 그 문이 좀처럼 열리지 않는다는 것을. 마음이 지금 당장 가진 돈 모두를 걸어볼 만한 곳을 가리

키고 있는가? 그곳으로 달려가라. 문을 활짝 열어라."

−팀 페리스《지금 하지 않으면 언제 하겠는가》40쪽

32세까지 책 3권 봤지만 지금은 연 70권 이상 독서를 한다. 해외 강의−중국 북경, 몽골 울란바토르 대학, 미국 LA−도 뜨거운 반응 가운데 멋지게 소화하고 있다.

장차 이재덕 저자의 미래가 궁금해진다. 그의 꿈 너머 꿈이.

팀 페리스는 말한다.

"성공하려면 우리는 모든 사람을 찾아내야 한다.

모든 사람에게서 배울 줄 알아야 한다.

낯선 사람을 환대하라.

그는 당신을 돕기 위해 신이 보낸 천사일 수 있다."

−팀 페리스《지금 하지 않으면 언제 하겠는가》49쪽

이 책은 당신을 돕기 위해 신이 보낸 천사다.

3P자기경영연구소 대표, 독서포럼 나비 회장 강규형

진짜 성장을 위한 기회

예비 작가들을 대상으로 글쓰기 수업을 진행하면서 늘 하는 말이 있다. 글쓰기를 처음 시작하게 되면 가장 먼저 얻게 되는 마음가짐. 겸손에 관한 이야기다.

많은 사람들이 지위와 물질적 자산을 앞세워 자신의 그릇 크기를 짐작한다. 삶에 대한 글을 쓰다 보면, 예외 없이 부족함과 모자람을 느끼게 된다. 고개가 숙여지고 몸이 낮아진다. 낮은 곳으로 임하게 되니 자연스럽게 채울 수 있다. 글쓰기의 힘이자 시작이다.

이재덕 작가를 처음 만났을 때 겸손이란 단어가 떠올랐다. 3P자기경영연구소 독서사업부 팀장이자 대한민국 최대 독서포럼 나비의 독서리더. 이쯤 되면 겉으로 번지르르한 기름이 흐를 법도 한데, 전혀 달랐다.

나누는 삶을 살아가는 이다. 지금 같은 시절에 이토록 선한 인상을 가지고 살아가는 사람이 있을까 싶었다. 어쩌면 이재덕 작가는 책이라는 보석을 통해 그 빛을 발산하는 프리즘일지도 모른다는 따뜻한 마음이 들었다.

이 책은 독서에 관한 책이면서 아울러 자기관리와 계발에 관한 포괄적인 지침서다. 정상에서 손짓하는 허망한 자기계발이 아니라 일상의 습관을 통해 스스로 깨닫고 일어서는데 도움이 되는 이웃의 이야기다.

말 잘하는 사람은 많다. 삶으로 증명하는 사람은 드물다. 그의 글보다 삶을 먼저 볼 수 있었기에 오히려 책이 더 와 닿는다.

읽고 싶다는 마음과 실제로 읽는 행동은 하늘과 땅 차이다. 막연한 자기계발 동기부여 정도로는 지속적인 성장이 불가하다. 실천에 도움 되는 마땅한 책을 만난다. 이제 우리는 이재덕 작가의 삶과 철학을 통해 지치고 힘든 일상을 넘어 '진짜 성장'을 마주할 수 있게 되었다.

솔직하게 인생을 풀어놓은 그의 용기와, 타인의 삶에 도움을 주고 싶다는 간절한 배려에 깊이 감사한다. 또 한 권의 가치로운 책 탄생에 가슴 설렌다.

자이언트 북 컨설팅 대표 이은대

인생은 정리 이후에 시작된다

인터넷, 스마트폰의 등장과 함께 사람들은 혼란에 빠지기 시작했다. 누구나 원하는 정보를 찾을 수 있지만, 한편으로는 원하지 않더라도 차고 넘치는 정보를 끊임없이 수용해야 하는 상황에 놓였기 때문이다. 정보에 휘둘려 우왕좌왕하다가 스스로 생각하고 판단하는 힘을 잃어버리기도 한다.

이에 이재덕 작가는 '자기 인생의 주인이 되고 싶은 사람들'을 위해 〈정리력〉 강의를 시작했다. 그는 강의를 통해 "인생은 정리 이후에 시작된다"면서 사람들에게 삶을 보다 효율적이고 명쾌하게 정리하는 방법을 알려준다. 《어쩌다 도구》는 고민 속에 빠진 독자들의 삶을 개선하는 훌륭한 도구가 될 것이다.

임서영 영재교육연구소 대표 임서영

CONTENTS

들어가는 글
- 개천에서 '용' 썼다.

< 제 1 장 > '흙'의 역사

-'흑'역사라는 결과를 '흙'의 역사라는 과정으로

< 제 2 장 > 본깨적 독서

-'생각' 될 수밖에 없는 도구

< 제 3 장 > 정리력

-'집중' 될 수밖에 없는 도구

< 제 4 장 > 3P바인더

-'적용' 될 수밖에 없는 도구

< 제 5 장 > 독서포럼 나비

-'성장' 될 수밖에 없는 도구

< 부록 > 호모 툴러스(Homo toolers)

-우리는 '어쩌다 도구'로 살아간다.

마치는 글
- 이젠 '함성', '정성', '행성'이다.

참고문헌

<제 1 장 >

'흙'의 역사

'흑'역사라는 결과를
'흙'의 역사라는 과정으로

대학교 10학년,
학점 1.4

'좌껄떡 우찜쩍!'

대학교 때 불명예스럽게 가진 별명이다. 조금 나쁜 표현이지만, 그만큼 많은 사람에게 관심이 있었고, 사람에 대해서 욕심이 많았다. 워낙 많은 사람들과 관계를 맺었지만, 군대 가는 시점에는 진정으로 배웅해주는 사람이 한 사람도 없는 가슴 아픈 시간을 보냈다.

'과유불급!, 풍요 속의 빈곤!'

딱 나를 위한 말이었다. 고등학교 시절 나름 열심히 공부하는 시늉을 했다. 높은 성적은 아니었지만, 마지막 시점에 집중을 해서 생각보다 우수한 성적으로 대구가톨릭대학교를 가게 되었다. 운명의 장난이었을까. 원래 영어영문과나 스페인어학과를 지망하고 싶었지만, 2001년도에는 학과제가 아닌 학부제가 있었다. 그래서 서양어문학부에 들어갔다.

　1학년 때는 과가 정해진 게 아니었기 때문에, 자유롭게 다른 학과에 들이댈 수 있었다. 임시 전공은 스페인어학과였다. 덕분에 스페인어 원어로 연극에도 참석해 열정을 불태웠다. 그러나 1박 2일의 신입생 오리엔테이션에서 버스를 잘못 타는 바람에 영어영문학과 야간에 들어가 시간을 보냈다. 이후 넉살 좋게도 과선배들을 찾아가서 친분을 쌓기도 했다. 때로는 불어불문학과, 독어독문학과 등 인접한 과에 얼굴 도장을 찍고 다니면서 1학년 시절을 정말 열심히 만남에만 집중했다. 그렇게 1학년 1학기 중간, 기말고사가 끝나고 대학교 최초의 성적표를 받았다.

　'2.83'

　많은 선후배들을 만났기에 그 정도면 나름 선전했다고 생각했다. 하지만 문제는 2학기가 끝난 후에 벌어졌다. 정신을 차려야 했지만, 한 번 풀린 고삐는 도무지 멈출 줄 몰랐다.

　'1.41!'

　2학기 최종 점수였다. 살면서 시력보다도 낮은 점수의 학점을 받을 줄은 꿈에도 생각하지 못했다. 현실이었다. 그 결과 목표하지 않았던 독어독문학과에 진학하게 되었고 방황이 시작되었다. 사람이 좋아서 스페인어학과에 대한 미련을 버리지 못하고 겁도 없이 복수전공을 신청했다.

　군대를 다녀와서는 나름 열심히 했다. 두 번이나 외국 유학도 다녀오면서 이런저런 경험을 많이 했다. 그렇게 보낸 시간이 무려 10년, 그렇게 나는 대학교 10학년으로 자랑스럽지 못한 졸업을 하게 되었다. 당시만 해도 인생의 가장 '흑'역사였다. 암흑이었다. 등록금으로 낸 돈만 해도 7000만 원이 넘었다. 그렇다고 멋진 학점이나 변변한 스펙도 없었다. 신기한 건, 지금 강사가 된 내게 그때의 시간은 너무나 감사한 시간이라는 것이다. 솔직히 조금 더 낮은 점수를 받았으면 하는 마음까지 든다.

최근에 한 영상에서 본 스타 강사가 있다. 그 강사는 재학 당시 알아주는 유명인이었다. 학점을 무려 '0.2점'을 받은 괴물 같은 사람이다. 세상에 이렇게 낮은 학점이 부러운 건 처음이다. 왜? 그 강사나 나는 학점을 결과 또는 마지막으로 두지 않았기 때문이다. 만약 그 학점이 인생의 끝이었다면 정말 부끄러운 일이다. 하지만 그 학점을 바닥 삼아 짚고 일어났다. 그렇게 멋지게 일어났고, 달리기 시작했다.

'흑'역사의 결과에 연연하지 말고, 다시 밟고 일어날 수 있는 '흙(토양)'의 역사로 만들어 내길 바란다. '흑'역사가 결과가 아닌 과정이 된다면 더 이상 부끄러운 과거가 아닌 현재의 자신을 비춰줄 훌륭한 잣대가 될 것이다.

지금 어두운 시간 속에 갇혀 있는가? 두려움에 더 이상 멈추지 않았으면 한다.

그 '흑'역사가 이후에 삶의 멋진 자양분이 될 수 있다. 1.41점이라는 낮은 점수, 학교를 10년이나 다닌 방향 없던 대학생. 그렇기에 자신 있게 이야기하고 있다. 나처럼 과거가 훌륭하지 않은 사람도 〈독서〉와 〈바인더〉라는 도구를 통해 인생의 변화와 성장을 하고 있다고 말이다. 이 글을 읽고 있는 당신도 할 수 있다!!

'흑'역사가 있는가? 언젠가 당신의 삶의 자양분이 될 테니, 웃어라. 그것도 아주 크게 웃길 바란다!

소심쟁이의 호주 퍼스(Perth)
성장 스토리

"항상 난 생각이나 너에게 기대었던 게 너는 아무 말 없이 나를 안고 있었고(중략)... 꿈 속에선 보이나 봐 꿈이니까 만나나 봐 그리워서 너무 그리워 꿈 속에만 있는가 봐."

_부활. ⟨생각이 나⟩ 중에서

글을 쓰는 지금도 이 노래가 생각이 난다. 그만큼 의미 있는 노래이다. 시도 때도 없이 떠오르는 이 노래. 이유는 이렇다.

2009년 두 번째 호주 유학. 2007년에 학생비자로 호주에 퍼스라고 하는 도시로 유학을 갔다. 그곳에서 만난 많은 사람들. 그리고 자유로운 분위기의 환경. 하고 싶은 것도 많고 가고 싶은 곳도 많았지만, 생각보다 잘 되지 않았다.

'Regret comes late.'

항상 후회라는 녀석은 늦게 오는 법이다. 아쉬움을 달래기 위해서 한국으로 복귀하자마자 1년 동안 '이보영의 토킹클럽'에서 영어강사를 했다. 다른 목적보다는 아쉬웠던 유학생활을 만회하기 위해서 다시 유학을 갈 자금을 마련하고자 하는 마음이 컸다. 1년 남짓 1000만 원 정도의 비용을 모아 다른 생각도 하지 않고 호주 퍼스 행 비행기에 몸을 실었다. 모든 것이 잘 될 거라는 상상과 함께.

하지만 현실은 냉정했다. 1년이라는 기간 동안 배운 영어실력은 고사하고, 밖에 나갈 용기조차 나지 않았다. 처음엔 어설프게 편집한 이력서를 들고 여기저기 뿌리고 다녔다. 지금 생각해보면 그런 사람이 취업되는 게 이상할 정도였다. 그렇게 수많은 거절을 통해 워킹과 홀리데이를 멋지게 보내는 워홀(Working Holiday의 줄임말)에 대한 꿈은 접혀가는 듯했다.

방 안에 갇혀서 얼마 남지 않은 유학자금에 마음이 다급해지던 무렵이었다. 하소연 하듯이 페이스북에 글을 올렸다. 유학생활이 생각보다 쉽지 않아서 힘들다는 넋두리의 글. 글을 쓰고 며칠이 지나 반가운 사람의 댓글이 달렸다. 1년 전 유학생활 중 같이 주방보조 일을 했던 앤디(Andy)라고 하는 홍콩 친구였다.

친구는 호주에 왔다는 소식을 접하자마자 연락을 줬고, 자기가 일하는 회사에 면접을 보게 해주었다. 나중에 알았지만, 면접이라기보다는 그야말로 '낙하산 인사'였다.

그렇게 매니저와 인사만 간단히 하고 퍼스 컨벤션 익스비션 센터(Perth Convention Exhibition Center)라는 엄청 규모가 큰 컨벤션 센터에 근무를 하게 되었다. 시급 2만 원 정도의 상당히 좋은 자리였다. 그때 난관에 봉착했다. 다름 아닌 시간 때문이었다. 업무상 조찬미팅을 서빙하기 위해서는 최소 6시에는 출근을 해야 했다. 당연히 차가 있으면 상관없지만, 당시 버스비도 거의 없는 상태였다. 예전 같았으면 그냥 포기하거나 다시 좌절했을 것이다. 하지만 달라지고 싶었다. 그래서 환경보다 할 수 있는 마음에 집중했다.

버스나 지하철은 안 되니, 다른 교통수단이 필요했다. 결국 선택한 것이 '자전거'였다. 한국에 비해서 자전거 도로가 잘 마련되어 있어 운동한다는 마음으로 시작했다. 왕복 2시간이 걸렸지만, 너무나 행복했다. 어려움에 처할 때마다 좌절과 포기에 익숙했던 내가 변하게 된 계기였기 때문이다. 그렇게 자전거로 출근하면서 일을 했다. 열심히 하는 모습을 좋게 봐줘서 근무 시간(Shift)도 더 많이 받았다. 오전 7시~12시, 오후 1시~5시까지 근무를 하게 되었고, 또 다른 일까지 갖게 되어서 18시부터 21시까지 일을 했다.

지금 생각해도 참 무리한 일정이다. 그렇게 월요일부터 일요일까지 일하면서 잠은 하루 5시간밖에 못 잤지만 정말 행복했다. 그 시절 힘들 때마다 나를 지켜준 노래가 있었다. 바로 부활의 〈생각이 나〉이다. 아무도 모르는 외국에서 '할 수 없다'는 생각에 갇혀 있던 나를 '할 수 있도록' 지지해준 노래. 아직도 이 노래가 들려오면 머릿속에는 당시의 1시간 남짓한 거리의 모습이 생생하게 떠오른다. 오늘따라 유난히 그 노래, 그 도시가 사무치게 그립다.

퍼스, 참을 수 없는 그리움!

훗날 여유를 만들어 가게 된다면 그때도 귓가에는 이어폰이 꽂혀 있을 것이고, 또 다시 이 노래가 흘러나올 것이다.

'가끔 니 생각이 나~ 나에게 기대었던 건~'

호주에서의 경험은 이후의 삶에 큰 영향을 끼쳤다. 버스나 교통수단이 없다는 환경에 툴툴대지 않고, 자전거라는 도구(Tool)를 타고서라도 갈 수 있는 태도를 가지게 된 것이다. 의지나 노력으로 해결하기보다는 될 수밖에 없는 환경을 만들어 본다면 분명 당신의 삶에도 작은 변화가 일어나기 시작할 것이다.

누나한테도 덜덜 떨던 초짜 강사,
대학생에게 꿈을 심다

2013년은 새로운 삶을 맞이 했던 해이다. 당시 보험 설계사로서 열심히 앞만 보고 달려왔던 내게, 새로운 삶의 방향으로 가게 해준 시간이다. 2013년 1월에 '셀프 리더십 프로 과정'이라는 수업을 듣고 가슴이 뜨겁게 타올랐다. 그 뜨거운 가슴을 주체하지 못해 평생 교육에 투자해본 적 없던 내가, 어딘가에 홀린 사람처럼 교육을 듣기 시작했다.

과정 중에 배운 것을 다른 사람에게 강의를 하는 미션이 있었다. 만만한 게 가족이다. 그래서 누나에게 부탁을 했고, 어렵지 않게 강의를 하는 기회를 갖게 되었다. 누나와 평소 가장 친했던 다른 누나. 그렇게 2명의 인생의 첫 수강생을 두고 강의를 시작했다. 신기했다. 연습할 때만 해도 그렇게 떨리지 않았고 멘트도 자연스러웠는데, 강의를 시작하자 화면을 보고도 아무런 생각이 나지 않았다. 어떻게 강의를 했는지 모르게 1시간이 흘렀다. 어색한 침묵이 흘렀다. 정적을 깨고 나온 누나의 첫 마디는 지금도 나를 오싹하게 만든다.

"미안한데, 굳이 강의해야 되겠나?"

말만 이렇게 차갑게 한 게 아니었다. 말보다 누나들의 표정이 더 얼음장 같았다. 순간 머릿속이 아찔해졌다. 그래도 이쪽이 나의 방향이라는 생각으로 서울에 가서 교육도 많이 받고, 독서도 나름 열심히 하면서 작은 꿈을 키워가고 있던 내게, 그 싹을 잘라 버리는 날카로운 칼이 들어온 것이었다. 며칠 동안 한숨도 못 자고 고민했다. 과연 이 길로 가는 게 맞는 것인지! 그때 나를 다시 움직이게 해준 멘토 강규형 대표의 조언이 떠올랐다.

"완벽해서 시작하는 게 아닙니다. 먼저 알았기에 하는 겁니다."

그렇다. 나는 완벽해서 무언가를 하려고 했던 게 아니었다. 그리고 완벽할 필요도 없고, 완벽한 사람도 없다. 지금까지 완벽하지 않아도 나쁘지 않은 삶을 살아온 나였다. 멋지고 완벽한 강의를 해야 한다는 부담이 사라지는 순간이었다.

#1 부담 없이 강의할 수 있는 환경

상황을 극복하기 위해서는 부담 없이 강의를 할 수 있는 환경이 필요했다. 그래서 강의를 기분 좋게 들어줄 수 있고, 강의하는 나에게 의미가 있는 사람들을 찾기 시작했다. 마침 2015년 처음으로 만났던 대학교 독서모임 회장들과 간간히 연락을 하고 있던 때였다. 그 순간 떠오른 것이 바로 대학생들이 진행하고 있는 독서모임이었다. 이 모임은 일명 나비(나로부터 비롯되는)로 지칭되는 독서모임으로 전국에 많이 퍼져 있었다.

'3P자기경영연구소'에는 단무지(단순, 무식, 지속)라는 독서캠프가 있다. 2013년, 나는 단무지에 참석을 했다. 주위에 아는 사람이라곤 한 명도 없는 곳이었기에 외롭고 싶지 않아서 주위를 탐색했다. 아직 독서도 초보수준이고, 붙임성도 그리 좋지 않아서 옆에 있는 사람들에게 말을 걸기가 쉽지 않았다. 그때 대학생 몇 명이 눈에 들어왔다. 〈3P바인더〉를 통해 자기관리를 하는 방법을 배운 후라, 대학생들에게 멘토링을 '핑계?'로 다가갔다. 다행히도 6명의 친구들이 관심을 보였다. 그렇게 해서 2시간 가까이 알고 있는 노하우를 열정적으로 알려줬다. 그 열정에 답하듯이 학생들은 나에게 살면서 처음 들어보는 단어로 말했다.

"제 멘토가 되어주십시오!"

'멘토라니? 내가 무슨 다른 사람의 멘토?'

순간 부담도 되고, 영~ 나에겐 안 맞아서 쉽사리 답을 하지 못했다. 그래도 학생들의 제안을 거절하기가 쉽지 않아서 절반은 승낙했다. 단, 조건을 달았다. 학교에서 초청해주면 강의를 가겠다고 말하고, 강의를 한 후 마음에 들면 그때는 멘토를 해주겠다는 것이었다. 6명의 학생들은 각각 부산 고신대, 광주 조선대, 논산 건양대, 숭실대, 원주 연세대 학생이었다.

2013년 6월 6일, 인생의 첫 대학교 강의가 시작되었다. 장소는 논산 건양대였다. 태어나서 처음 가본 낯선 동네. 학생들이 무려? 7명이나 참석해주었다. 당시 나에게 1명도 너무나 감사할 뿐이었다. 그렇게 5시간 남짓 시간을 대학생 자기관리에 대한 이야기를 하고 행복하게 마쳤다.

여기서 만난 친구 중 '백동재'라는 학생이 있었다. 누나가 4명이나 되는 집의 막내! 누나가 한 명만 있어도 너무나 힘든 삶을 살아온 내게 이 친구는 괜히 안쓰러운 존재였다. 이 당시만 해도 숫기도 없고 말주변도 없었지만, 5년이 지난 동재는 너무나 멋진 육군장교로 성장했다. 누나 2명은 결혼을 했고, 첫째 사위는 결혼 전에도 독서모임에 나올 정도로 멋진 가족문화를 만들었다. 그게 이 막내아들로부터 시작되었다는 사실이 너무나 뿌듯하다.

그로부터 2013년 6월 7일에 부산 고신대 나비, 6월 21일~22일에 광주 조선대 나비, 7월 5일에 숭실대 나비, 10월 6일에 원주 연세대 청바람 나비, 11월에 대구 보건대 나비, 12월 6일에는 제천 세명대 나비에서 강의를 했다. 대학교 한 군데 한 군데 갈 때마다 이런 소중한 학생들에게 가치 있는 것을 줄 수 있다는 게 너무나 행복했다. 정말이지 알고 있는 건 다 주었다.

그렇게 전국을 누볐다. 조선대와 연세대 친구들은 나의 열정에 기름을 부어주었다. 단순히 강의에 대한 소감문만 적어주는 게 아니라, 스스로 멋진 글과 사진이 들어간 바인더 편지까지 준비했다. 그리고

대학생들에게 꿈을 말하는 강사가 되다.
원주 연세 청바람 나비에서 특강 후
미리 저자 사인을 하면서
심장이 터질 뻔했다.
그때부터 강의를 통해 학생들에게
꿈과 희망을 주고 싶은
생각이 무르익었다.

아직 아무것도 갖지 못한 내게 미래의 저자 사인을 받아갔다. 정말 가슴이 터질 것 같았다.

지금까지 열심히만 살았던 내가 드디어 나의 존재를 인식하게 되는 순간들이었다. 지금은 나의 삶의 철학이 된 '나의 이익이 아닌, 타인의 유익에 초점을 맞추라!'는 글귀가 이 시점부터 새겨지기 시작했다. 대학교뿐만 아니라, 강의를 들어줄 사람이 1명이라도 있으면 앞뒤 가리지 않고 달려갔다. 그렇게 열심히 살던 나에게 소중한 2014년 4월 25일 가장 행복한 소감문이 생겼다.

#2 어머니의 소감문

우연히 부산에서 강의 의뢰가 들어와 여행 가는 마음으로 어머니에게 동행을 권유했다. 싫은 내색 하지 않고 어머니도 기분 좋게 따라나섰다. 일부러 자가용이 아니라 무궁화호 열차를 타고 갔다. 너무나 소중한 시간이 천천히 지나갔으면 하는 마음에……

부산에 도착해서 강의장으로 갔다. 이런저런 강의 준비를 마치고 마음 속으로도 준비를 했다. 그 모습을 보는 어머니의 마음이 어땠는지는 나도 모른다. 너무 긴장 되어서 물어보지도 못했기 때문이다. 그날 자기관리에서 가장 중요한 파트 중 하나인, 꿈 리스트를 적는 시간이었다. 어머니도 수강생으로 참석했기에, 꿈 리스트를 적어 내려갔다. 생각보다 많이 적으셔서 깜짝 놀랐다. 나중에 알게 되었지만, 어머니는 정말 진지하게 임하셨다. 어머니의 꿈 리스트를 보고 너무 놀라서 나중에 코팅을 해서 들고 다녔다. '어머니는 이런 꿈을 가지고 있구나!'를 느낄 수 있었다.

이 글을 읽고 있는 당신, 혹시 우리네 부모님도 이렇게 예쁜 꿈을 가지고 계신 걸 알고 있는가? 지금 부모님이 좋아하시는 것을 한번 적어보라. 생각보다 쉽지 않다. 자식으로서 받을 것만 생각했지, 한번도 어머니가 갖고 싶은 것이 무엇인지는 생각하지 못했던 모습이 너무나 부끄러웠다. 강의를 잘 마치고 돌아오면서 어머니의 소감문에 다시 너무나 가슴이 뜨거워졌다.

"이재덕 강사님, 삶을 살아온 과정이 너무나 멋집니다. 지금의 모습까지 오기 위해서 얼마나 열심히 하셨는지가 보입니다. 앞으로도 지금처럼 멋진 삶을 살아가고, 많은 사람들에게 행복한 강의 들려주세요!"

혹시 지금 무언가를 시작하려고 있지는 않는가?

절대 처음부터 잘하려고 하지 않았으면 한다. 완벽해서 시작하는 사람은 아무도 없다. 2명의 교육생에게 F학점을 맞았던 나도 지금은 꽤 좋은 평가를 받는 강사로 거듭나고 있다. 다시 한 번 강조하고 글을 마치고 싶다.

'완벽해서 시작하는 게 아니라, 먼저 알았기에 시작하는 것이다!'

〈 갖고 싶은 것 〉

-차
-스파크(자동차 이름)
-구두.... 중략

〈 되고 싶은 모습 〉

-존경 받고 싶은 사람
-믿고 따를 수 있는 마음가짐
-상큼하고 향기로운 여자
-꽃보다 아름다운 마음

어머니의 꿈 리스트

'6년 동안 1반' 촌놈의
서울 상경기

경기도 남양주시 진접읍, 지금 살고 있는 지역이다. 서울시 송파구 문정동, 지식산업센터. 지금 근무하고 있는 지역이다. 2015년부터 어린 시절 TV에서나 보고 들었던 대치동, 삼성동, 양재동에서 근무하거나 살게 되었다. 지금 생각해도 참 신기할 따름이다. 32년 동안 서울에 고작 두 번 밖에 와보지 못했던 나였기 때문이다.

　지금 초등학교 동창들과 모임을 가지고 있다. 이름하여 6.1. 워낙 깡촌이라 6년 동안 1반 밖에 없었기에 붙여진 '모임명'이다. 졸업생도 당시 총 30명이 안 될 정도로 작은 학교였다. 중학교를 입학할 당시 버스를 타고 5코스 이상 가본 적이 없던 내게 400명에 가까운 친구들과 어울린다는 것은 지금 생각해도 두근두근 거리는 일이다.

　32년 동안 두 번 서울에 온 것은 이런 상황이었다. 한 번은 7살때 〈서

올랜드〉에 동네에서 버스로 왔던 것이고, 또 한 번은 호주에 가기 위해 인천공항으로 가는 시기에 잠시 들렀던 것이다. 2013년 1월, 처음 서울에 교육 받으러 올 때에는 두려움이 엄습했다. 그 두려움은 '환승'이라는 것이었다. 서울 사람들은 절대 모를 이 기분. 대구에서 32년 동안 살았기에, 서울의 지하철 문화도, 환승문화도 익숙하지 않았다. 지금 생각하면 피식 웃음밖에 나지 않지만, 당시 나는 서울에 가려면 옷도 멋지게 차려 입고, 잘 꾸며야한다는 생각이 있었다.

깻잎!, 촌놈!

어릴 적 친구들이나 선배들이 놀렸던 별명들이다. 지금도 부모님은 깻잎농사를 지으신다. 어린 시절에는 부모님의 직업이 부끄러웠지만 지금은 자연을 벗 삼아 행복하게 살고 계신 부모님이 존경스럽다. 이렇게 평생 좁은 울타리에서 지냈던 나. 늘 촌놈이라는 생각에 대구 밖에도 나가보지 못했던 나. 그랬던 내가 2015년 5월, 서울 서초구 서초동 '3P자기경영연구소'에 입사했다. 교육회사에 취직을 하고, 꿈에 그리던 인(In) 서울을 했기에 행복했다.

하지만 현실은 너무 힘겨웠다. 돈이 없어서였기도 하지만, 우선은 아껴야 한다는 생각에 회사 근처에 고시텔에 보금자리를 마련했다. 아니 잠시 쉴 공간이라고 하는 게 더 정확하다. 피곤함에 잠들려고 할 때마다 발도 겨우 뻗을 좁은 공간은 피로를 풀 수 있기는 커녕, 피로가 더 쌓이는 공간이었다. 게다가 옆방에 계신 분들은 음주와 고성으로 피로를 더욱 가중시켰다. 어떻게 생각하면 집이 편치 않았기에 회사에 더 오랫동안 머물면서 일을 했던 것 같다. 그래서 그 상황을 나쁘게만 생각하고 싶지 않았다. 어차피 서울에 왔고, 그 결정을 후회한다고 변하는 건 없었기 때문이다.

헤르만 헤세의 《데미안》을 통해 깨달은 바가 있다.

'새가 알에서 깨어나기 위해 다른 세계를 깨뜨려야 하듯, 나 역시 지금까지의 세계를 깨뜨리지 않으면 더 이상 다른 삶을 살 수 없다는 것.'

누구든 한 번은 자신의 부모로부터, 스승들로부터 떠나는 시간이 필요하다. 고독한 시간도 한번은 느껴야 한다. 견딜 수 없어 다시 밑으로 기어들어가더라도.

상경한 지 4년째인 지금, 이제는 내비게이션을 켜지 않고도 집으로 갈 수 있다. 이제는 주말에 만나고 싶으면 만날 수 있는, 서울 사는 지인이 제법 생겼다. 처음 올라올 때만 해도 이런 작은 것들이 내겐 너무나 큰 사건이었다. 혹시라도 이 글을 읽고 있는 지방에 계신 독자들이 서울행을 고민 중이라면 더 늦기 전에 새로운 세계로의 도전을 하길 강력히 추천한다.

32년 동안 세 권 읽은 사람이
독서법 강사를?

#1 보험설계사

사람은 누구나 한 번 산다. 그렇게 한 번 사는 인생길에서 자신의 강점을 발견한다는 것은 참 가슴 벅찬 일이다. 많은 사람들을 만나면서 느끼는 것은 강점을 발견하기란 쉽지 않다는 것이다. 인생이라는 긴 여정에서 나의 강점을 찾는다는 것은 어떤 의미일까? 강점을 찾아가는 내 인생의 여정은 32살 늦은 나이에 시작되었다.

7,913,834원 & 285,958원.

이 두 가지 금액은 무엇일까?

전직이었던 보험설계사를 하면서 받았던 두 번의 급여이다. 첫 번째 금액은 2012년 7월 25일에 받은 금액이다. 두 번째 금액은 2013년 6월 25일, 6.25전쟁처럼 내게 생긴 문제의 급여이다.

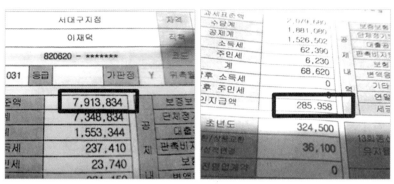

영업이 잘 될 때는 1,000만 원에 가까웠던 급여가 불과 1년 만에 30만 원 미만으로 떨어졌다.
아무리 생각해도 버터낸 게 신기할 뿐이다.
다행이다. 이런 경험을 일찍 해보았기에, 다른 사람에게 말이 아닌 삶으로 이야기할 수 있어서.

　보험영업을 하면서 나름 열심히 일했다. 업계에서 일을 잘하는 사람의 기준인 '우수 인증 설계사'도 획득했고, 한 주에 3건의 계약을 하면 취득하는 '3W', 또는 '스타(Star)'라고 하는 것도 최장 연속 47주를 했다. 이어지지 않은 것까지 포함하면 74주를 진행했다. 참고로 3건의 계약을 1주에 했다는 말은 최소한 그 주에 10명 이상의 고객을 만났다는 것이고, 최소 50~100명의 고객과 전화를 통한 미팅약속을 받았다는 것이다.

　당시 나는 보험설계사 또는 판매사가 아니라, 재무설계사라고 스스로 규정했다. 그래서 만나는 사람에게 보험의 가치를 팔고, 나의 성실과 노력을 통해 계약을 받았다. 20대 중반의 젊은 남자에게 보험을 가입한다는 건 쉽지 않다. 만약 결혼을 했고 자녀가 있었다면, 내가 하는 이야기가 더 설득력 있었을 터다. 하지만 미혼에 딸린 가족도 없는 내가 가족사랑이나 가장의 역할을 이야기한다는 건 어불성설(語不成說)이었다.

　아무튼 이런 악조건 속에서도 나름 선전했다. 하지만 인생이란 게 늘 좋은 일만 있는 건 아니다. 인생사 새옹지마(塞翁之馬)라고 하지 않았던가. 당시에는 계속 일이 잘 될 줄만 알았다. 그래서 또래에 비해 많이 받는 급여를 잘 관리하기보다는 고객들에게 많이 퍼주는 영업을 했다. 자연히 수입이 줄면서 업무에도 적잖은 영향을 끼쳤다. 그러다 오래 사귄 여자 친구와의 이별로 한순간에 업무에 타격이 생겼다. 6개월 가까이 술에 빠져 살았다. 10분밖에 걸리지 않는 사무실에 희멀건 얼굴에 기운 없는 모습으로 9시에 겨우 출근했다. 산송장처럼 있다가 아침 조회가 끝나면 바로 집으로 가서 잠을 청했다. 아니면 차에서 시트를 눕혀 잠을 청했다. 아무것도 하기 싫었다. 오후가 되면 바(Bar)에 가서 술을 청했다. 맨 정신으로는 버티기가 힘들었다. 워낙 사람을 좋아하는 성향이었기에 오랜 사귐 끝의 이별은 너무 아팠다. 지금 생각하면 왜 그렇게까지 힘들어했나 할 정도로 당시에는 참 힘들었다.

#2 책과 함께 찾아온 작은 기회

　여느 날처럼 차를 타고 영업을 가다가 우연히 홈플러스에서 책을 한 권 집어 들었다. 《독서 천재가 된 홍대리》였다. 32년 동안 세 권의 책밖에 읽지 않았던 사람이 한 권의 책을 읽게 된 일은 쉬운 일이 아니다. 신기할 정도로 책이 재미있게 읽혔다. 그 자리에서 50페이지를 읽었다. 난생 처음으로 돈을 주고 책을 샀다. 일을 마치고 집에 와서 책을 내리 다 읽어 버렸다. 그렇게 내 인생의 독서 여정이 시작되었다. 책에는 '100일 동안 33권 읽기 프로젝트'라는 내용이 있었다. 머리보다는 몸으로 뭔가를 시도해 보는 스타일이어서, 그냥 여기저기 있는 책을 긁어모아 33권을 준비했다. 그리고 그날부터 시작했다.

그렇게 아무 생각 없이 시작했던 나에게 새로운 '터닝 북(Turning Book)'한 권이 다가왔다. 그 책은 다름 아닌 《성과를 지배하는 바인더의 힘》이었다. 그 책을 읽다가 피터 드러커 교수의 《성과를 향한 도전》이라는 책에 호기심이 발동했다. 며칠 후 우연히 들린 교보문고에서 세 장의 CD를 구매했다. 그중 한 장이 '성과를 향한 도전'이었다.

나중에야 알게 된 것은 CD의 내용이 피터 드러커 교수의 육성이나 강의가 아니라, 강규형 대표의 강의 녹음 CD였다는 것이다. 운전하면서 계속 듣다 보니 보험설계사라는 직업군도 같았고, 성과를 많이 내셨던 분의 사례라 흡입력이 있었다. 그러던 중 〈3P바인더〉라고 하는 단어가 귓가에 계속 들려왔다. 성과를 내는 탁월한 도구인 〈3P바인더〉. 다시 호기심이 발동해서 구매를 하고 싶어 교보문고와 영풍문고를 갔다. 그러나 어디에 가더라도 구할 수가 없었다.

지금은 전국적으로 유통망이나 온라인이 발달했지만, 2013년에는 많이 알려져 있지 않았다. 어렵게 연관 검색어를 검색해 〈3P바인더〉

를 구매하였다. 받는 순간 기분이 하늘을 날아갈 줄 알았는데 땅으로 꺼져 버렸다. 포장을 뜯고 사용법을 보는데 생각보다 너무 어려웠기 때문이다. 그러나 한 번 붙은 호기심은 멈추지 않았다. 네이버와 다음 등의 포털 검색 사이트를 통해 관련 자료를 출력했다. 400장이 넘는 자료였다. 한 장씩 다 줄을 치고 메모하면서 읽고 정리했다.

#3 제대로 배우다

웬걸, 정리를 할수록 정리가 안 되는 이 느낌. '장님이 코끼리 다리 만진다'는 느낌이 딱 내 심정이었다. 어디 물어볼 데도 없고 답답해하던 차에 '3P자기경영연구소'라고 하는 본사 전화번호를 알게 되었다. 전화를 걸었고, 〈3P바인더〉를 사용하는 방법을 알려주는 교육이 있다는 이야기를 듣고 바로 결제를 했다.

2013년 1월 26일, 그날의 광경을 잊을 수 없다. 새해 벽두부터 자기관리를 하고 신년계획을 하기 위해 전국에서 무려 70여 명의 수강생들이 눈에서 레이저를 쏘면서 집중을 하고 있었다. 당시 자리가 부족해 가장 뒤쪽에 자리를 한 상태로 교육을 들었다. 그렇게 교육을 들으면서 지금까지 살아온 나의 삶을 정리하게 되는 놀라운 시간을 맞이했다.

이후 진행되는 '3P 코치 과정', '3P 마스터 과정', '독서 기본 과정', '독서 리더 과정' 등을 연달아 들었다. 이번에야말로 나의 인생을 완벽히 바꿀 기회라는 생각이 들었기 때문이다. 다른 사람들이 2년에 걸쳐서 듣는 과정을 단 8개월 만에 끝내 버렸다. 아니 끝내고 싶었다. 한번 흐트러진 영업의 형태를 다 부수고 다시 시작하고 싶었다. 그리고 이젠 단순히 돈을 많이 벌어 성공하는 삶이 아니라 진짜 내 인생의 주인공이 되고 싶었고, 타인에게 유익을 전하고 싶다는 '사명'이 생겼다.

지금은 회사에서 독서경영 기본 과정이라는 교육을 진행하는 독서법 강사가 되었다. 늘 교육을 들으러 오신 분들에게 가장 먼저 알려드리는 게 있다. 누군가 내 모습을 보고 성장했다고 여긴다면 그 노하우는 바로 이 표현이다.

'나의 이익보다는 타인의 유익을 위한 노력을 하라.'

몇 배 이상 빨리, 더 제대로 성장하는 놀라운 비결이란 걸 느끼게 될 것이다.

※우연히 클릭해서 인생을 바꿔 놓은 인터넷 홈페이지

<제 2 장>

본깨적 독서

'생각'될 수밖에 없는 도구

국방일보에
당선되다

"될성부른 나무는 떡잎부터 알아본다."

누구나 알고 있는 흔한 속담이다. '될성부른'이라는 말을 〈될성력〉이라는 말로 다르게 해석하고 싶다. 내가 정의해 본 〈될성력〉이란, 누구나 어떤 분야에 어느 정도의 임계질량을 채우면 그 분야에서 화학적 변화가 일어나게 하는 힘이다.

꾸준한 독서와 〈3P바인더〉라는 자기계발 시스템을 활용하여 소중한 성장을 경험하고 있다. 지금의 모습이 불과 5년에 걸쳐서 일어났다고 하면 많은 분들이 놀란다. 처음엔 아무런 생각 없이 '그런가?' 하고 받아들였다. 시간이 지나서 생각해보니, 현재 독서나 자기계발만 해서 이렇게 변화했던 게 아니라는 걸 깨달았다. 지금 하고 있는 교육적인 부분 이전에 어느 정도 임계질량을 채웠단 생각이 들었다.

2003년 1월, 군대에 입대했다. 짧은 군대 얘기이니 인상 쓰지 않길 바란다.

"이제 가면 언제 오나? 원통해서 못 살겠네"라는 노래 구절이 있을 정도로 유명한 '강원도 인제군 원통면'에 입대를 했다. 1년이 채 지나기도 전에 남한의 북방 한계선인 GOP(General Outpost)에 경계근무병으로 배정받았다. 하늘이 노래졌다. 다들 너무 춥고, 혹시라도 전쟁이 나면 가장 먼저 위험에 빠질 수 있다는 이야기를 워낙 많이 들었기에 어떻게 군대생활을 견디나 걱정이 됐다.

인간은 변화와 적응의 동물이라고 했던가. GOP에 투입된 지 3개월도 지나지 않아서, 북쪽에서 들려오는 대남방송은 고요한 자장가가 되었고, 30cm 가까이 내리는 눈(일명 하늘에서 내리는 쓰레기)은 세상과 단절시키는 하나의 현상으로 받아들이게 되었다. GOP에서는 세상이 잠들고 있는 시간에 깨어 있다. 그렇게 초저녁부터 새벽까지 경계근무를 선다. 처음에는 이런저런 긴장감에 시간이 어떻게 갔는지도 모르게 보냈지만, 하루 이틀도 아니고 1년 동안 계속 그렇게 근무를 하니 더 이상은 같이 근무하는 분들과 이야기할 거리도 생각할 생각도 없었다. 그래서 예전에 있었던 작은 일들 하나까지도 다 꺼내서 반성하고 참회하는 시간을 보내는 경지에 이르렀다.

#1 편지와 시 쓰기 습관

전화도 힘들었던 근무환경이었기에, 외부와 소통할 수 있는 유일한 수단이 편지였다. 하루에 10통 가까운 편지를 썼다. 돌아가면서 중학교, 고등학교, 대학교 친구들에게 보내다가 더 이상 할 말이 없어지니 서로 공감할 수 있는 타 부대에 있는 친구들에게 편지를 쓰게 되었다. 하루에 10통씩 거의 1년을 적다 보니 필력이 크게 성장함을 느꼈다.

일기도 1년 반 동안 거의 하루도 빠지지 않고 적었다. 내가 이 세상에서 할 수 있는 반성이란 반성은 모두 했던 시기였다. 그때의 일기장을 들춰볼 때면 마음이 차분해지는 나를 만난다. 글자도 어찌나 그렇게 정성 들여 적었는지, 이때 분명히 내면의 힘이 많이 길러졌다고 생

> *"사단장이 이렇게 편지를 보내는 이유는 지난 15일 국방일보에서 '어머니'라는 이병장의 시를 읽었기 때문이다. 시에서 사단장은 어머님의 은혜를 생각하는 우리 이병장의 아름다운 마음을 읽을 수 있었고, 국방일보를 읽은 육·해·공군 전 장병이 사단장과 같은 마음을 느꼈을 것이라고 생각하니 마음이 참으로 흡족하더구나. (중략) 마지막으로 자네는 이 세상에서 가장 소중한 사람이라는 것을 잊지 말게. 사단장은 이병장이 잘해 낼 것을 믿는다."*

사단장의 편지

각한다. 무엇보다 임계질량을 쌓게 된 건 바로 '시 쓰기'였다.

딱 하나의 목표를 가지고 하루에 5~6편의 시를 쓰기 시작했다. 당연히 시답잖은 시가 대부분이었다. 그러던 어느 날, 중대에서 갑자기 급하게 나를 찾았다. 사단장님의 편지가 왔기 때문이었다. 잘못한 게 없는데 높은 분의 편지가 와서 무척 놀랐다. 사단장님의 편지에는 이런 내용이 실려 있었다.

심장이 터지는 줄 알았다. 단순한 성취감과는 비교할 수 없는 기분이 들었다. 부끄럽지만, 당시에 국방일보에 실렸던 시의 내용을 한번 보여드리고 싶다.

#2 국방일보에 당선된 시 : 어머니

독서만 열심히 하지 말길 바란다. 편지, 일기, 시 무엇이든 써보라. 그렇게 자신만의 〈될성력〉을 한번 채워보길 바란다. 임계질량이 채워지면 자신도 모르는 사이에 성장해 있는 스스로를 발견할 것이다.

'될성력을 채우면 떡잎도 달라진다.'

어머니

상병 이재덕(육군 을지부대)

어제도 보았습니다.
달빛에 기대어 수줍게 숨어 보게 계시던
어린 시절 철부지 몸뚱이를 달래실 적
그 어머니의 눈매를.

어제도 느꼈습니다.
차디찬 침낭 속 서린 바람에도
가슴 한 곳 따뜻하게 머물며
얼어 버린 마음 풀어주신 어머니의 포근한 품속을.

그러나 어제와는 다를 것입니다.
시시비비 연연치 않고 한결로만 대했던
그래서 늘 받기만 했던 그것들을
이제는 다 갚아 드리겠습니다.

국방일보에 실린 시

성장의 힘,
<그릿>을 기른 시간

'띵동'

어제 마신 술이 깨지 않은 상태에서 원룸의 문을 열었고, 오신 분을 보자마자 어제 마신 술이 화악~ 깨버렸다. 보험업계에서 만난 한채원 선배님은 따로 아무 말도 하지 않았다. 그럴 수밖에 없는 게, 너무나 어처구니가 없는 상황이었기 때문이다. 정적이 흐르는 순간 바로 다급한 목소리로 말했다.

"오늘 서울 가는 비용을 제가 다 지불하겠습니다. 죄송합니다. 얼른 올라가시죠."

상황은 이랬다.

2013년 1월 26일, 인생의 변화를 맞이한 셀프리더십 3P바인더 프로 과정을 수강한 날이다. 책을 읽는 것만으로는 변화에 한계를 느끼고 있는 시점에, 〈3P바인더〉라는 자기관리 시스템을 알게 되었다. 구매해서 혼자 활용해 보려 했지만 생각보다 어려웠다. 그래서 지금까지 내 모습과는 다른 실행을 하게 되었다. 30만 원이라는 거금을 들여서 서울시 서초구 양재동에 있는 '3P자기경영연구소'에 교육을 받으러 가게 되었다. 수업은 오전 10시에 시작해서 저녁 7시에 마친다. 그런데 내가 일어난 시간이 오전 6시 30분이었고, 사는 곳이 대구였으니 이 얼마나 황당한 상황이었겠는가? 아무튼 선배를 설득해서 택시와 KTX를 번갈아 타고 서울로 올라갔고, 무사히(?) 교육장에 도착했다. 이렇게 촌놈 이재덕의 나를 찾아가는 여행이 시작되었다. 이 여행이 그토록 힘겹고 오래 걸릴지는 모른채……

인생에 있어서 지치지 않고 끝까지 하는 정신을 기르게 된 두 번의 시기가 있었다.

#1 교육 받는 동안 차비만 500만 원

첫 번째는 대구에서 서울까지 교육을 받으러 다녔던 시절의 이야기다. 지금은 '3P자기경영연구소'에서 '독서경영 기본 과정'이라고 하는 독서법에 관련된 교육과 〈오피스 파워 정리력〉이라는 서류 정리 정돈에 관한 강의를 하고 있다. 교육할 때마다 먼저 교육생들에게 나를 소개를 할 때 하는 질문이 있다.

'12600km'와 '500만 원'

당시 교육을 받기 위해서 2013년 1월부터 9월까지 8개월 동안 이동한 거리와 지출했던 차비였다. 교육비가 아닌 차비만 그 정도였다. 지금 생각해보면 말도 안 되는 비용이지만, 당시는 너무나도 간절했다. 처음엔 이동할 때 KTX를 이용했다. 하지만 교육을 들을수록 비용에 대한 부담이 생겼다. 그래서 나중엔 강남 고속버스 터미널의 야간 버스를 이용했다. 버스에 고정석이 있었다. 항상 제일 뒤 쪽 창가에 앉았다.

왜 그랬냐고?

당시 2가지 교육을 동시에 들었던 내게 매주 2권의 책을 읽고 독서 노트를 쓰거나, 강의안을 만들어야 하는 과제가 있었다. 읽기도 벅찼던 내게 시간은 너무나도 부족했다. 어쩔 수 없이 서울과 대구로 이동하는 새벽 버스 안에서 미등(尾燈)을 켜놓고 책을 읽었다. 그러다 내 자신이 너무 안쓰럽고 힘들어서 눈물을 흘린 날이 하루 이틀이 아니었다.

서울에 올라가는 길은 항상 들떴다. 희망에 가득 찼다. '오늘은 또 얼마나 더 성장할 것인가?'하고 생각하지만 내려오는 버스에서는 현실을 맞이하면서 너무 두려웠다. 크게 변한 것 같지 않은 모습을 마주할 때마다 '이게 맞을까?'라는 질문을 수도 없이 했다.

무엇보다 두려웠던 건, 당시 대구에는 내가 했던 방향으로 걸어간 사람이 없었다는 것이었다. 있었더라도 알 재간이 없었다. 아무도 가보지 않은 길을 가는 게 힘들었고, 손 잡아주거나 같이 공감하고 도움

줄 사람이 없는 게 그토록 서럽고 힘들었다.

한 주에 한두 번꼴로 올라갈 때마다 서울이 집인 교육생들이 부럽고 가끔 얄밉기도 했다. 대구에서 보험설계사라는 업을 제쳐 두고 올라올 땐 당시 매니저나 회사의 눈치를 보고 어렵게 와야 했다. 그런 속내도 모르는 한 교육생이 이렇게 말했다.

"재덕 씨, 또 오셨네요!"

의도는 그렇지 않았겠지만, 당시 이 말은 내 가슴에 비수처럼 다가왔다. '별로 성장하지도 않는 것 같은데, 계속 오시네요'라는 느낌으로 들렸기 때문이다. 그때부터 마음속에 이런 생각이 들었다.

'지금은 어떨지 몰라도, 제 강의를 듣고 싶도록 미친 듯이 성장할 겁니다!'

이런 마음을 먹고 나서는 지칠 수가 없었다. 아니 지칠 시간도 너무 아까웠다. 한 주에 많게는 세 번이나 올라오면서도 그저 '골인'지점을 향해 달려가는 경주마처럼 달렸다. 지금 하라고 하면 실행하기 힘들었을 것 같다. 그때는 단순하게 올라가는 서울행 버스에 몸 담는 것까지만 생각했다. 힘든 순간이 올수록 단순할 필요가 있다. 많은 생각은 절대 행동에 도움이 되지 않는다. 그렇게 시간이 지나면서 머릿속에는 3가지 목표가 생겼다.

'대구 최초의 독서법 강사, 3P바인더 강사, 독서포럼 나비 회장.'

잘하는 것이 목표가 아니라, 이런 자격을 갖는 게 목표였기에 정말 그것만 보고 달릴 수 있었다. 8개월이 지나서 자연스레 3가지를 달성하게 되었고 살면서 처음으로 가장 의미 있는 성취감을 맛볼 수 있었다. 가슴이 터질 것만 같았다.

#2 2년 동안 새벽 4시 30분 기상

인생에 있어서 지치지 않고 끝까지 하는 정신을 기르게 된 두 번째 시기는 2015년 5월 입사 이후에 일어났다. 2015년 7월부터 2년간 'MK 메탈'이라고 하는 제조업체에 '기업 독서경영 컨설팅'을 진행했다. 당시 교육을 진행했던 사수와 함께 서울시 송파구 문정동에서 경기도 안산으로 가야 했다. 인생에서 가장 성장할 수 있는 〈그릿〉*이 길러진 시간이었다.

이유는 이렇다. 당시 컨설팅이 아침 7시에 시작이었기에 적어도 6시 30분에 도착을 해야 했다. 회사에서 걸리는 시간을 고려하면 5시 30분에 출발을 해야 했다. 당시 집에서 회사까지 걸리는 시간은 40분이었고, 그렇다면 집에서 4시 50분에는 출발을 해야 했다. 아무리 대충 씻으려 해도 4시 30분에는 일어나야 했다. 이런 생활을 꼬박 2년을 했다.

교육회사의 특성상 야근이나 출장이 꽤 많았다. 그럼에도 2년 동안 이 시간에는 여지없이 움직여야 했다. 사실 생각할 시간이 없었다. 교재와 강의안을 챙기고, 운전을 해야 했기에 컨디션 관리가 안 되면

---

* 자신이 성취하고자 하는 목표를 끝까지 해내는 힘이며, 어려움과 역경, 슬럼프가 있더라도 그 목표를 향해 오랫동안 꾸준히 정진할 수 있는 능력. 엔젤라 덕워스, 《그릿》

큰 차질이 생길 수 있었다.

아침형 인간이 되려고 하지 않아도 그렇게 되어 버렸다. 사실 그때는 몰랐다. 이 시기가 이렇게 나를 변화시킬 줄은 꿈에도 생각지 못했다. 그 전에는 아침에 일어나질 못했다. 꾸준히 할 수 있는 힘도 없었다. 하지만 당시엔 느낀 점이 있었다.

'해야 하는 시스템보다 무서운 것은 될 수밖에 없는 환경이다.'

아침에 일찍 일어날 뿐만 아니라 미리 역산을 해서 스케줄을 잡고 일을 처리하다 보니 꾸준함을 바탕으로 일을 해내는 근육이 자연스레 생겼다. 무슨 일이든지 한두 번을 해서는 크게 변화하기 힘들다. 하지만 그걸 지속하면 다르다. 연속적으로 계속하게 되면 완전히 달라진다. 그래서 꼭 추천하고 싶다.

'어떤 일이든 한 번 시작해 보라. 잘하는 것은 어렵다. 하지만 빨리 하는 것은 생각보다 쉽다. 그리고 그것을 지속해 보라.'

지속을 통해서 어떤 일이든 근육이 생기게 만들어 보라. 처음에는 너무나 불편할 것이다. 하지만 불편하다는 말은 근육이 생기고 있다는 것이고, 근육이 되는 순간 편해질 것이다. 반대로, 편하게만 지내다 보면 시간이 흐를수록 불편해질 것이다. 만고의 진리다. 늘 가슴에 새긴 문장이 내 마음을 대신한다.

'우리가 환난 중에도 즐거워하나니, 이는 환난은 인내를, 인내는 연단을, 연단은 소망을 이루는 줄 앎이로다.'

지금 힘이 드는가? 어려움에 빠졌는가? 그렇다면 기뻐하라. 드디어 희망으로, 소망으로 가는 출입문에 도달한 것이다. 역경은 경력이 될 것이고, 불편이 편함이 되는 순간 성장할 것이다.

2013년 1월 26일
인생의 귀인 한채원 선배
그리고
귀인 덕분에 만난 인생의 맨토 강규형 대표

100번 이상 읽은
한 권의 책

'당신이 사는 방이 당신 자신이다!'

'마쓰다 미스히로' 저자가 쓴 《청소력》이라는 책의 핵심 주제다. 사실 처음 이 책을 접하게 된 건 2013년 1월부터 '100일 동안 33권 읽기'를 시작하면서였다. 당시에는 얼른 33권을 읽기 위한 생각밖에 없었기 때문에 내용이고 저자고 기억도 못하고 그냥 읽어 재꼈다.

시간이 지나 2013년 4월 13일 '3P자기경영연구소'에서 주최하는 '독서경영 기본 과정' 1기에 참여하게 되었다. 늘 느끼는 것이지만 최초라는 단어를 참 좋아한다. 왜? 평생 역사에 기억되기 때문이다. 여담이지만, 현재 '독서경영 기본 과정' 교육을 강의하는 사람은 누굴까? 누적 수강생이 무려 1500명에 달하는 인기 있는 독서법 강사로 지금 이 글을 쓰는 저자가 강의를 하고 있다. 오해하지 말길 바란다. 잘난

척을 하자는 게 아니다. 남과 다른 독서법인 〈본깨적〉이라는 방식으로 꾸준히 독서를 해왔다는 걸 강조하고 싶다.

주위에 1000권을 넘게 읽은 사람이 꽤 많다. 허나 그분들의 모습에서는 1000권을 읽은 사람의 '겸손'한 인성보다는 나 이만큼 읽었다는 '허세'와 '교만'이 더 많이 보인다. 안타까운 현실이다. 그들에 비해서 책을 많이 읽지는 못했다. 읽은 책의 권수로는 부족하다. 하지만 독서라는 것을 접하고 나서부터 늘 염두에 둔 생각이 있다.

'책을 그저 눈으로 많이 읽는 것이 중요한 게 아니라, 읽은 내용이 얼마나 내 삶에서 나타나고 드러나는가? 얼마나 실천하고 적용했는가?가 중요하다'

평소 존경하는 강규형 대표가 한 말이 있다.

"책을 만 권 읽어도 적용하지 않으면 아무런 소용이 없다."

그리고 삶의 지침이 된 말씀을 덧붙여 주셨다.

"화려하게 말로만 강의하는 '변호인의 삶'이 아니라, 그저 그런 사람으로 살아가는 '증인의 삶'을 사세요."

#1 말보다 삶

이후 책을 읽으면서 항상 나에게 대입시켜 생각하고 어떻게 적용할 것인지를 고민하기 시작했다. 당연히 처음부터 잘 될 수는 없다.

혹시 대나무 '모죽'의 이야기를 알고 있는가? 대나무 '모죽'은 4년이 지나도록 그렇게 높이 자라지 못한다. 채 1m도 못자란다. 하지만 그 시간 동안 위로는 아니어도 아래로 뿌리를 튼튼하게 내려 박고 있다. 그렇게 4년이라는 임계 시간이 지난 후에는 하루에 30cm씩 자라기 시작해서 순식간에 20m의 장대나무로 솟구쳐 오른다.

항상 자연에서 배우려는 자세를 가진다. 한낱 대나무라고 할 수 있지만, 내게는 큰 깨달음을 준 스승이다. 나도 4년이라는 시간을 겪었다. 2013년 1월에 제대로 독서를 하고 자기계발을 하기 시작했다. 4년이 지난 2017년 4월 1일, 거짓말처럼 인생의 첫 유료강의를 런칭했다. 그 이름은 바로 〈오피스 파워 정리력〉.

아직 만나 보지 못한 서류 정리정돈의 솔루션이다. 현재 10번의 오픈 강의와 5군데 기업에서 컨설팅을 하면서 나름 연착륙하고 있다. 교육 이후 배달의 민족에서 주최한 연말대상에서 20만 개 업소 중 해당 업계 1위를 한 사례, 광주에 있는 외딴 지방에서 잘 나가는 영어학원장으로 승승장구하면서 저자가 된 사례 등 기적 같은 사례가 많다.

#2 정리, 정돈, 매뉴얼

이 교육의 3가지 키워드가 있다.

'과거 삶에 대한 정리, 현재 삶에 대한 정돈, 미래 삶을 채우는 매뉴얼이다.'

결국 비움을 통한 정리, 분류를 통한 정돈, 채움을 통한 매뉴얼화가 교육에서 이야기하는 핵심 키워드들이다. 그런데 이 개념들이 어디에서 왔는지 아는가? 바로 흘려 넘겼던 책인 《청소력》이다.

이 책을 벌써 읽은 이들은 의아할 것이다. 《청소력》은 청소에 관한 책인데 어떻게 서류 정리 솔루션에 관한 교육을 만들 수 있었냐고 눈이 동그래질 것이다. 그렇다. 2013년 4월 1일에 들었던 수업 이후로 이 책을 100번은 더 읽었다. 읽기만 한 게 아니라, 많은 사람들과 토론을 했고, 많은 사람들에게 청소력 특강도 했다. 읽은 것보다 강의를 한 횟수가 더 많다. 어떤 교육생들은 '《청소력》의 저자냐?'라고 할 만큼 청소력에 대해서 나름 깊이 있는 생각들을 가지고 있다.

이야기를 하자면 이렇다.

왜 이 책의 저자는 '당신이 사는 방이 당신 자신이다'라고 했을까? 생각에 생각을 거듭한 끝에 나온 것은 두 가지 생각으로 정리되었다. 첫째, 사람을 집에 초대하면 공간이 오픈된다. 부엌, 화장실, 현관, 서재, 거실 등등. 하지만 유독 보여주지 않는 공간이 있다. 바로 안방이다. 그만큼 안방은 가장 은밀한 곳이며, 개인적인 공간이기 때문이다.

그 말은 이 공간이 다른 사람은 잘 모르지만, 주인인 자신은 잘 알고 있는 공간이라는 것이다. 지극히 개인적인 공간이기에 외부에 드러나진 않지만 주인은 알고 있다. 보여주진 않아도 스스로는 알 수 있는 공간. 만약 방이 깨끗하지 않다면, 타인에게 드러나지 않아도 스스로 마음의 상태가 변할 것이다.

둘째, 방이 자신이라는 말을 하는 저자의 철학을 읽어 보았다. 흔히 우리는 '우울하다, 힘들다, 마음이 불편하다'라는 표현을 많이 한다. 허나 정작 왜 그런지 물어 보면 대답하지 못한다. 한마디로 나도 나를 잘 모르는 것이고, 중요한 것은 그런 것들이 눈에 보이지 않는 다는 점이다. 그러니 가면 갈수록 더 괴로워질 수밖에 없지 않을까? 이런 우리에게 희소식이 있다. 저자 마쓰다 미스히로가 해결책을 제 시해준다.

'방 청소!'

꽤 여러 번 이 책을 읽고 알려주고 보여주고 고쳐주는 과정을 반복 하다가 내린 것은 보이지 않는 마음을 정리하긴 힘들지만, 보이는 방 은 정리하기가 쉽다는 것이다. 그렇다. 보이는 것을 정리함으로써 보 이지 않는 것까지도 정리할 수 있다! 실제로 이 책을 읽은 많은 사람 들이 청소를 하고 나서 엄청나게 긍정적으로 변한 것을 경험했다. 이 렇게 계속 생각의 꼬리에 꼬리를 물었고, 이런 생각에까지 이르렀다.

'이 책은 청소가 핵심이 아니라, 력(力)이 중요한 개념이겠구나!'

#3 청소〈력(力)〉

저자가 강조하여 말하고 있는 건 단순히 청소라는 행위가 아니라, 청소를 하는 그 자세와 마음의 태도에 대한 것이다. 실제로 이 책에는 두 가지 청소력에 대한 이야기가 있다.

하나는 '마이너스(−)를 제거하는 청소력'이고, 다른 하나는 '플러스 (+)를 불러들이는 청소력'이다. 참고로 세 번째 키워드가 '21일 강운 파워법'이다. 혹시 감이 조금 오는가? 이 책을 여러 번 읽으면서 정리 정돈의 밑그림을 그렸다.

결국 '마이너스(−)를 제거하는 청소력'은 〈정리〉, '플러스(+)를 불러들이는 청소력'은 〈정돈〉, '21일 파워 습관을 들이는 것'은 제대로 된 〈매뉴얼〉을 만들어 가는 것이다.

많은 이들이 이 책을 읽었다. 그리고 청소를 적용했다. 이제 격을 높이고 탁월한 삶으로 나아가길 바란다. 그러기 위해서는 보이는 청소보다 더 중요한 보이지 않는 '력(力)'을 적용해 보라. 당신의 삶 속의 'OO력'은 무엇인가? 이 책을 읽으면서 꼭 찾아 내길 바란다.

오랜 시간이 지나서 《청소력》 속에 '곱하기(×) 청소력과 나누기(÷) 청소력'이 있음을 깨달았다. 책 속의 중요한 개념 중에 골든룰이 있다. 골든룰이란, '나눌수록 배가 된다'는 뜻이다. 인생의 중요한 비밀이 바로 이 표현 속에 있다. 뭔가를 배가 시키려고 할 때는 잘되지 않지만 무언가를 나누려고 할 때에는 나눌 때마다 자연스런 곱하기를 경험한다.

나누는 게 꼭 금전이나 돈일 필요는 없다. 책에서 말하는 개념은 나의 강점이다. 강점을 발견하는 방법은 무언가를 더하는 게 아니라, 빼기를 통해서 본질적인 나의 강점을 찾는 것이다. 그리고 그 강점을 세상에 제공하여, 공헌하는 삶으로 사는 것이다.

《청소력》 책을 100번 넘게 읽은 시점에 이 책의 제목을 이렇게 바꾸고 싶다. 청소를 열심히 하는 자기계발이 아니라, 청소를 통해 나의 강점을 발견해서 그 강점을 세상에 공헌하는 우리계발의 삶을 살자는 의미로, 《청소력》이 아니라 '공헌력'이라고 이름 붙이고 싶다.

혹시라도 내 책을 《청소력》의 저자인 '마쓰다 미쓰히로' 선생님이 읽거나 알게 된다면, 꼭 대한민국 최고의 독서모임 〈양재나비〉 독서포럼에 저자 특강으로 모시고 싶다는 꿈을 가져본다.

호문쿨루스와
학습피라미드

#1 편안 대 불편

　지금 상황이 편안한가? 불편한가?

　교육을 받고, 독서를 하면서 가지게 된 기준이다. 이 기준에 따라 판단을 하면 성장은 더 가파르게 이어진다. 만약 우리가 지금 TV를 보면서 시간을 흘려보낸다면 당장은 편하다. 하지만 시간이 지날수록 삶은 더 불편해진다. 반대로, 나중을 위해 교육을 듣거나 독서를 하는 등의 자기계발을 한다면 과정이 불편하다. 하지만 그 시간이 쌓일수록 이후 삶은 좀 더 편해진다.

　이처럼 무언가를 할 때 과정이 편하다면 고민해 볼 필요가 있다. 교육을 하는 강사로서 가장 중요하게 생각한 부분은 멋지게 표현하는 게 아니라, 교육을 받는 이들이 더 쉽고 제대로 이해하도록 하는 것이

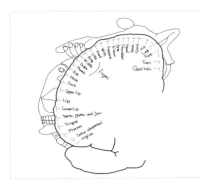

호문쿨루스

다. 그러던 중 알게 된 개념이 바로 호문쿨루스와 학습피라미드이다.

호문쿨루스는 우연히 읽게 된 《4개의 스위치》에서 발견했다. 그 개념은 우리의 뇌가 차지하는 비율을 그대로 실제 크기처럼 나타낸 형상인데, 그 모습이 조금 괴상하다. 신체부위 중 뇌와 가장 밀접한 연관이 있는 부분이 어디인줄 아는가? 이전까지 크게 생각해보지 못했다. 그건 바로 '손'이다. 무려 30%나 차지한다고 한다. 손으로 어떤 행위를 하면 손에 연관된 뇌가 30%나 작동한다는 말이다.

그래서 손으로 적으면서 하는 독서가 필요하고, 메모를 통해 인간의 능력이 크게 성장한다. 충격이었던 것은 손 이외의 다른 부위였다. 두 번째가 '입'이었다. 독서를 할 때 눈으로 하는 것보다 손을 활용해서 기록하는 게 더 오래 기억에 남는다. 그것보다 더 강력한 방법은 기록한 것을 다시 내 입을 통해서 낭독하는 것이다. 18%정도를 차지한다고 하니 더욱 열심히 낭독하고 싶어진다. 세 번째가 '발'이다. 12%정도를 차지한다는데, 그 사례가 이 책에는 잘 나와 있다. 일본 가고시마 현에 있는 〈요코미네 유치원〉에는 전국에서 가장 뛰어난 유아들이 다니고 있다. 영상을 통해 본 그 아이들의 모습에서 입이 쩍 벌어지는 경험을 했다.

5~6세 남짓한 아이들이 매일 아침 마라톤을 하는 것이다. 그것도 맨발로 뛴다. 순간 내 눈을 의심했다. 하지만 ○○유치원의 대표의 설명을 통해서 명확하게 이해되었다. 어린 시절 뇌와 관련된 손, 입, 발을 많이 활용할수록 아이들의 두뇌발달에 좋다는 것이다.

지금도 전국에 아니 다른 나라에서도 이 유치원을 벤치마킹하기 위해서 많은 사람들이 방문을 한다. 참고로, 이 유치원 아이들은 아침에 가방을 내려놓고 바로 '걸레'를 든다. 그 작은 손으로 걸레를 빨고, 쥐어짠다. 그리고 다시 바닥을 기어 다니면서 마룻바닥을 닦는다. 몸뇌를 활용할 수 있는 시스템. 그것이 바로 이 유치원이 성장한 놀라운 비밀이 아닐까?

지금 이 책을 읽고 계신 독자는 어떤 자세인가?

단순히 그냥 눈으로만 보고 있지는 않은가? 그렇게 해서 책을 읽어도 남는 게 없고, 변화가 없다고 마음속으로 부정적인 생각을 만들어내고 있지는 않은가? 이제는 뇌에 더욱 자극이 되고 효율이 높은 몸뇌를 활용한 독서를 해보기 바란다.

학습단계에 따른 효율성 학습피라미드

#2 가르치며 배우는 놀라움

토론을 하면서 질문하고 대화하는 경우에 무려 50%나 기억에 남는다고 한다. 토론보다 좀 더 효율이 높은 방법이 '실제로 해보기'이다. '실제로 해보기'를 '실패하기'로 정의 내려 보았다. 실험, 실습, 실행, 실천보다 더 쉽게 다가갈 수 있는 게 바로 실패가 아닌가 한다. 실패를 통해서 내 몸이 옳은지 그른지를 판단한 후 그것을 바탕으로 수정해 나가는 것. 그것이 좋은 학습 방법이 아닐까?

가장 감사한 개념은 90%가 남는 방법인 '서로 설명하기'이다. 누군가에게 나의 입과 손과 몸을 활용해서 알려주는 것이다. 지극히 적극적이고 주도적인 행동이다. 무언가를 학습함에 있어서 가장 중요한 것이 바로 주도성이 아닐까 한다.

이 세상에 모든 사람은 각자의 인생의 주인공이다. 하지만 초등학생 때부터 우리는 배우면 배울수록 주인이라기보다는 사회가 정해놓은 정답을 따라가거나 찾아가는 습성으로 변해간다. 그야말로 객의 마인드가 아닐까?

학습피라미드가 가진 개념만으로도 꽤 충격적이었지만, 《최고의 공부법》에 나오는 저자의 설명은 너무나도 안타까움을 자아냈다. 누군가를 가르치면 90%가 기억에 남는다. 만약 이런 효과를 보기위해서 눈만 활용하면 9시간, 귀로 듣기만 하는 경우 18시간이 걸린다는 말이다.

지금 우리 아이들, 학생들은 어떻게 하고 있는가? 10시간 넘게 학교에 앉아서 공부를 하고 있다. 필기는 고사하고, 펜을 들고 있지도 않은 경우도 다반사다. 아이러니하게도 공부 효과가 가장 떨어지는 방식으로 공부를 하면서, 공부의 재미를 못 느끼는 상황이다.

나의 삶에서 참 의미 있던 논어의 구절이 떠오른다.

"학이시습지(學而時習之)면, 불역열호(不亦說乎)아."

배우고 때에 맞춰 익히면 이 또한 기쁘지 아니한가. 얼마나 중요하면 《논어》라는 좋은 책의 첫 구절이다. 배움의 중요성을, 그중에서도 '습(習)'의 중요성을 강조한다.

어릴 때 먹는 걸 워낙 좋아했다. 어느 날 햄버거를 먹고 있었다. 집으로 돌아오신 어머니가 "배고프지 않냐?"하시면서 자장면을 사주셨다. 먹고 있는 중에 아버지가 맛있는 통닭까지 사주셨다. 당연히 세상에서 제일 맛있는 음식들이라고 생각했던 것들이지만, 어느 순간 먹기는커녕 보기도 싫어졌다. 좋다고 계속 먹기만 한다면, 도대체 언제 소화가 되겠는가?

배움도 같다. 계속해서 배우기만 하고 나의 것으로 만들지 못한다면 언제 진정한 '습(習)'의 기쁨을 느끼겠는가? 더 이상은 지체되지 않았으면 한다. 학생들이 부디, 이 대단하지도 않은 개념들을 통해서 자신의 삶의 주인공으로 거듭나는 학습을 했으면 좋겠다. 그로 인해 자신의 인생의 의미를 더 잘 찾아내고 행복감을 느낄 수 있길 바란다.

호문쿨루스와 학습피라미드.

지금 당장 옆에 있는 자녀들에게 한번 설명해주길 바란다.

<본깨적> 독서
사례

영재오 코칭맘들과 함께한 독서 All night

"쌤~~~우리 청소력 강의 한 번 해주~~~~!!"

평소 SNS상에서 연락을 이어온 '영재들의 오후학교'의 임서영 대표. 3년 만에 연락을 하시면서 하는 표현이 뜬금없는 강의 요청이었다. 당황스러웠지만 성장을 도와주신 분이었기에 고민 없이 약속을 잡았다.

첫 만남은 참 말도 안 되게 이루어졌다. 서울에서 열린 교육에서 얼굴만 아는 사이였다. 그야말로 스쳐 지나가는 사이. 전국적으로 유명한 분인데, 일면식도 없던 내가 만나자고 했을 때 흔쾌히 시간을 내주었다. 그것도 동대구역 KTX를 환승하는 곳에서 잠시 얼굴을 보고 인사를 했다. 당시 진행하던 '같이 가치나비 독서포럼'에 저자 특강으로 모시게 되었고, 그때 이후로 SNS를 통해 약한 연결고리를 맺고 살았다. 그때 임서영 대표가 전해준 표현이 내 열정에 불을 붙여준 불씨가 되었다. 임서영 대표는 특유의 확신에 찬 눈빛으로 말해줬다.

"그 사람을 볼 때 10년 후가 그려지는 사람을 보고, 그 10년 후를 그리는 사람이 돼라."

그때부터 지금 5년이 지났다. 그때 그려준 모습이 있었기에 가능한 게 아닐까 싶다. 지금의 변화는 나를 위한 노력이었다면 불가능했을 것이다. 하지만 어떻게 하면 사람들이 더 즐겁고 기분 좋게 성장할 수 있을까를 고민했기에 가능했다.

임서영 대표가 운영하는 〈영재들의 오후학교〉는 남과 다른 방법으로 4~7세 아이들이 행복하게 성장하도록 돕는 교육회사이다. 중요한 건 아이들이 열심히 하는 것보다 더 중요한 게 엄마들이 더 열심히 행복하게 사는 모습을 보여주는 것이다. 첫 강의를 하러 갔을 때의 모습을 아직도 잊을 수가 없다.

15명 남짓의 코칭맘(영재들을 코칭하는 맘들을 코칭하는 맘)들이 눈을 반짝이면서 무슨 말이 나올까 기대하고 있었다. 사실 참 당황스러운 환경이었다. 평소 PPT와 교재를 가지고 강의를 진행해왔는데도 불구하고 생각보다 너무 적극적인 코칭맘들의 모습에 주눅이 들기도 했다. 2시간 남짓 땀을 뻘뻘 흘리면서 강의를 이어갔다. 시간이 어떻게 지나갔는지 모르게 지나갔고, 그렇게 시작된 교육은 8회에 걸쳐 진행이 되었다. 언제든 강의를 할 때면 9회 말 투아웃에 올라선 대타의 마음으로 강의를 한다. 그러던 중 임서영 대표의 두 번에 걸친 뼈있는 피드백을 통해 한 뼘 더 성장하게 되었다.

#1 두 번의 금 같은 피드백

첫 번째 피드백의 상황은 이랬다. 평소 교육 중에는 교육생들이 집중하고, 몰입하게 만들기 위해 질문을 많이 하는 편이다. 질문을 통한 환기가 아니라, 질문에 대답을 하기를 바라는 마음으로 질문을 한다. 교육을 받는 입장에서 흐름이 끊기고 부담이 되는 순간이다. 교육을 진행할 때 나름 열정을 전하고 교감이 된다고 생각했다. 그때 임서영 대표는 이런 이야기를 해줬다.

"쌤~~ 질문을 했으면 자연스레 넘어가~ 왜 자꾸 답변을 하게 해~. 청중은 엄마들이야. 엄마들은 질문해서 답변하는 거 부담스러워. 그냥 공감하면 돼~. 강의에 빠져들 만하면 질문하고 감동 받을 만하면 질문해서 흐름을 깨고 있어~."

너무 내 관점에서 생각하고 교육을 진행했다는 생각이 들었고, 그날 이후 청중에게 하는 질문의 방향과 질이 달라졌다. 임서영 대표가 해준 두 번째 피드백은 지금껏 가졌던 강사에 대한 자세를 완전히 바꾸게 해주었다.

여느 때와 다름없이 정말 열심히 강의를 했다. 보는 분들이 엄청 몰입하는 듯해서 신이 나서 더 열심히 했다. 그런데 이상하게도 할수록

'이게 아니다'라는 느낌이 들었다. 중간에 잠시 휴식을 하는데 임서영 대표를 통해 전해온 말은 이랬다.

"청중에게 너무 많은 것을 알려주려는 것보다 하나라도 깨닫고 가게 해줘. 너무 많이 알려주려고 욕심내고 있어~."

강의를 열심히 하는 것을 강점으로 생각하고 살았다. 하지만 강의를 잘하는 것보다 중요한 강사의 본질을 잊고 있었다는 것을 깨달았다.

'강사의 본질은 강의를 잘하는 게 아니라, 강의를 듣는 사람이 실행하게 돕는 것이고, 그로 인해 행복하게 하는 것이다.'

자신이 돋보이는 강의, 자신만 열심히 하는 강의를 돌아보게 되었고, 그때부터 강의를 듣는 사람들이 눈에 더욱 선명하게 들어오기 시작했다. 역시 고수의 눈은 다름을 느낀 감사한 피드백의 순간이었다. 평소 강의에 있어서 생각하는 철학이 있다.

'명창은 고수가 만들 듯이, 명강사는 명청중이 만든다.'

강의를 하다 보면 정말 신이 나서 강의를 할 때도 있지만, 힘이 쭉 빠져서 시간이 어떻게 가는지 모르게 횡설수설하는 경우도 있다.

'청중은 강사도 춤추게 한다.'

그것을 깨닫게 해준 것이 〈영재오〉코칭맘들이었다. 저녁 7시에 시작되는 강의는 9시에 끝났다. 2시간의 강의를 마치고 바쁘게 가야 하는 게 정상이지만 그러고 싶지 않았다. 어떻게든지 한 가지라도 더 전해주고 싶었다. 정말 독서를 재미있게 하도록 돕고 싶었다. 그로 인해 그들의 자녀들에게, 그리고 그들이 코칭하는 대한민국의 육아 코칭맘들에게 도움이 전해지길 바랄 뿐이었다.

그렇게 하고 싶은 건 모든 게 다 명청중인 코칭맘들의 힘이었다. 피곤함도 없이 강의와 코칭을 마치고 나면 어느 날은 새벽 2시가 지나 있기도 했다. 신기한 건 그렇게 늦게까지 했는데 피곤은커녕 더 생생해지는 모습이었다. 집에 도착하자마자 새벽 그 시간에 커피숍에 가서 《청소력》책을 2시간에 걸쳐 완독을 하고 인증샷을 올려준 모습에 무척 놀랐다. 그때 느껴졌던 짜릿함은 강의를 해본 사람이라면 알 것이다.

대한민국 영재들의 행복한 성장을 돕는 '영재오' 코칭맘들, 그리고 임서영 대표를 통해 지금보다 더 행복한 대한민국 교육환경이 만들어질거라 기대한다.

밤 12시가 넘어도 그칠줄 모르는 에너지의 영재오 코칭맘들.
명강사가 따로 있는 게 아니라,
명청중을 만나면 누구나 명강사가 될 수 있다.
내재된 에너지를 끌어낼 수 있는 경험을 하도록 도와준 코칭맘들이
있었기에 강사라는 직업이 너무나 감사하고 행복하다.

<본깨적> 독서
팁

2권의 책에서 알게 된 입체적 독서법
....

#1 《어린왕자》를 통해 본 작가의 삶

"중요한 것은 눈이 아니라, 마음으로 보는 것이다."

책을 좋아하지 않는 사람도 누구나 한번은 들어본 좋은 구절이다. 바로 《어린왕자》에 나오는 말이다. 어린왕자의 저자는 프랑스의 위대한 소설가 '생텍쥐페리'(Antoine Marie Jean-Baptiste Roger de Saint-Exupéry, Antoine Marie-Roger de)이다.

평소 관심을 크게 두지 않았던 내게 큰 깨달음을 준 선생님이 계신다. 평소 책을 볼 때 제대로 핵심을 보기 위해서 저자의 관점에서 보려는 노력을 많이 했다. 그러면서 자연스레 책을 읽을 때 일명 저자

읽기를 했다. 우스갯소리로 이렇게 표현한다.

'지 저자 지피, 백 전 백 승.'

'저자에 대해서 많이 알면 알수록 책을 읽고 더 나은 승리를 거둘수 있다'고 각색해 본 표현이다. 저자 '생텍쥐페리'의 삶을 들여다보았다. 간절한 마음이 통했을까? 어린왕자를 깊이 들여다볼 수 있는 귀한 책을 만났다. '최복현'선생님의 책이었다.

> "생텍쥐페리가 《어린왕자》와 같은 불후의 명작을 쓸 수 있었던 건 그건 아마도 그의 직업에 대한 열정 때문이었을 거예요. 그는 비행사였기에 하늘에서 이 땅을 내려다 보는 행운을 갖게 되었어요. 세상은 어느 환경, 어느 위치에서 보느냐에 따라 다르게 보이니까요. 생텍쥐페리, 그가 본 세상은 조감도에요. 말 그대로 새가 하늘에서 내려다 본 그림이지요."

— 《어린왕자와 깊이 만나는 즐거움》

저자의 직업이 비행사였기에, 평생을 비행기 위에서 세상을 내려다 볼 수 있는 시야, 그것이 바로 평면 문학이 아닌 입체 문학을 쓸 수 있었던 중요한 배경이다. 그리고 비행사였기에, 그것도 비행시설이 낙후된 1900년 초반이었기에 많은 사고의 위험에 노출되었다. 당연히 생사의 위기를 많이 넘겼을 것이다. 그로 인해 삶을 대하는 태도가 일반인에 비해서 더욱 달라졌을 수밖에 없었을 것이다.

#2 같지만 달라진 책

어린 시절 읽었던 《어린왕자》와 달리 어른이 되어서 만난 《어린왕자》는 더 이상 쉽게 읽히는 소설이 아니었다. 그야말로 한 줄 한 줄이 생각을 하게 해주는 귀하고 위대한 작품으로 다가왔다. 작품 속에서 가장 인상 깊게 다가왔던 구절이 있다.

"내가 좋아하는 사람이 나를 좋아하는 것은 기적이란다."
"사막이 아름다운 이유는 어딘가에 오아시스가 있기 때문이야."

무엇보다 깊게 와 닿았던 문장이 있다.

"중요한 것은 눈이 아니라, 마음으로 보는 것이다."

정말이지, 한동안 머릿속에서 떠나지 않을 정도로 너무나 강력하게 가슴에 스며들었다. 나중에 몇 번의 재독 속에서 깨달은 것이 있다. 생텍쥐페리는 이 책을 친구인 레옹베르트를 위해서 지었다고 한다. 그런데 중요한 것은 어른이 아닌 '어린 시절의 레옹베르트에게'라고 표현한다는 것이다. 한 마디로 어른이 아닌 어린이의 관점을 가졌던 순수한 시절의 친구에게 주고 싶다는 말이 아닐까?

그래서 《어린왕자》를 한 단어로 표현하자면 '동심'이다. 어린이의 눈으로 세상을 바라 본다면, 분명 저 멀리 있는 별 속에서 세상에서 하나 뿐인 나만의 장미꽃을 발견할 수 있지 않을까? 이렇듯 마음으로 보는 '심안법(心眼法)'을 알게 해준 어린왕자. 꼭 한 번 읽어 보길 추천한다.

따뜻한 작가 이철환 님의 《위로》에 나오는 마음으로 바라보는 것에 대한 정의가 《어린왕자》 생텍쥐페리의 목소리와 겹친다.

마음으로 바라본다는 건 하나, 나의 기준을 버리는 것이고, 둘, 상대방과 입장을 바꿔보는 것이고, 셋, '그럴 수도 있지'라고 말해 보는 것이다.

평소 바라보고 있는 세상을 좀 더 다르게 볼 수 있는 소중한 기준이 되길 바란다.

#3 《여덟 단어》 속 인생 단어

《어린왕자》와 더불어 독서를 하는 시야를 입체적으로 바꾸게 해준 책이 또 하나 있다. 바로 박웅현 작가의 《여덟 단어》이다.

이 책에는 인생을 변화시키는 8개의 단어가 있다. 그중 4번째 단어가 바로 견(見)이다. 흔히 '본다'라는 표현을 쓰고 있지만, 여기서 말하는 '견'은 '본다'라는 느낌보다는 '들여다보고', '다르게 보고', '오래도록 본다'라는 의미이다.

'발견은 모든 사람들이 보는 것을 보고 아무도 생각하지 않는 것을 생각하는 것으로 이루어져 있다'고 한다. 즉, 모두가 보는 것을 보는 것은 시청(視聽)이고, 아무도 생각하지 못하는 것을 생각하는 것은 견문(見聞)이다.

저자가 말하는 핵심은 바로 '시청하지 말고 견문하라!'는 것이다. 이 책을 읽은 시점이 《어린왕자》를 읽은 지 얼마 되지 않은 시기였다. 그래서 더더욱 이 표현이 깊이 와 닿았다. 살면서 지금까지 '시청인(人)'으로 살아왔다. 그저 눈에 보이는 것에만 집중하면서 말이다. 책을 읽거나 강의를 들을 때에도 보이는 글자와 PPT 화면에만 신경을 썼다. 그야말로 평면적인 시각이었다.

하지만 달라지기 시작했다. 같은 사물도 다른 관점에서 보기 시작했고, 조금씩 시간을 들여 보려고 노력했다. 미처 깨닫지 못했던 것들이 보이기 시작했다. 분명히 읽었던 책들이었는데, 다시 '견문 인(人)'으로 접하니 저자들이 말을 걸어주는 느낌을 받기도 했다. 새로운 아이디어들이 마구 올라오기 시작했다. 이때부터 〈본깨적〉(본 것을 깨닫고 적용하라의 준말) 독서법을 제대로 하기 시작했다. 세상이 달라 보이고, 독서뿐만 아니라, 삶 자체가 다르게 보이기 시작했다. 없었던 게 아니라, 보지 못했던 것뿐이었다. 처음에는 의식적인 노력이 필요했다. 그러나 시간이 갈수록 자연스럽게 시야가 바뀌기 시작했다. 깊이 사색이 필요한 문구로 마무리 하고 싶다.

視而不見(시이불견) 聽而不聞(청이불문)
'보아도 보는 것이 아니요, 들어도 듣는 것이 아니다.'

독서 3족 ── 의미 족, 즉시 족, 실패 족

#1 의미 족

생소할 것이다. 지금부터 세 가지에 대해서 알아보자. 그 첫 번째가 바로 '의미 족'이다. 대학교를 10년을 다녔다. 400만 원이 한 학기 등록금이라 가정하더라도 8000만 원에 가까운 비용이 들었다. 전공이 독어독문과인데, 10년 동안 8000만 원을 들여서 한 개의 문장을 암기했다. 바로 이 문장이다.

'Verweile doch, du bist so Schön.'(멈추어라, 너는 정말 아름답구나.)

황당하지 않은가? 하지만 한 문장이 인생에 너무나 큰 영향을 끼치고 있기에, 10년의 세월과 8000만 원의 비용이 하나도 아깝지 않다. 이 표현은 괴테의 《파우스트》에 나온다. 대학교 전공 시간에 얼핏 들었던 문장이다. 여기에 나오는 'du'는 영어로 'you'이고, 해석하자면 '지금 이 순간'이다. 지금 이 순간이 너무나 행복하고 의미가 있기에 멈추었으면 하는 간절한 바람이다.

독서 강의를 할 때 늘 교육생에게 물어보는 질문이 있다. 자녀가 있는 사람 중에 자녀가 10살 정도 되는 분에게 묻는다.

"혹시 자녀를 출산한 날을 기억하시나요?"

거짓말 안 하고 마이크를 주고 끊지 않는다면 적어도 3일은 밤새도 할 이야기가 있을 정도로 기억을 잘 하신다. 그런 다음 바로 질문하면 당황하면서 아무 말도 못하는 질문이 있다.

"2일전 저녁에 무엇을 드셨는지요?"

골똘히 생각을 해보지만 거의 기억을 못하신다. 신기하지 않은가? 분명 시간상 2일 전에 있던 일이 기억나야 하는데, 10년 전에 일을 더 잘 기억한다. 그렇다. 우리 뇌는 철저하게 기억을 시간 순이 아닌, 의미 순으로 한다.

많은 사람들이 책을 읽는다. 그리고 덮는다. 기억을 잘 하지 못한다. 책을 읽은 지 얼마 지났는지가 중요한 것이 아니라, 그 책을 읽은 나의 태도와, 얼마나 의미 있었는지가 더 중요하다.

#2 즉시 족

두 번째가 '즉시 족'이다. 많은 사람들이 독서를 하긴 하는데, 크게 변하지 않는다고 말한다. 가만히 들여다보면 읽기는 많이 읽는데, 실행하거나 적용하는 데는 관심을 많이 기울이지 않는다.

'72시간의 법칙'이 있다.

미국의 한 연구에 따르면, 우리가 어떤 생각이나 계획을 머릿속에 떠올리고 나서 이를 72시간 내에 실행하지 않았을 경우, 이 생각이나 계획이 실행되는 경우는 거의 없다고 한다. 나중에라도 실행에 옮기는 경우는 겨우 1퍼센트 정도밖에 되지 않는다는 것이다. 솔직히 '72시간의 법칙'보다 '7.2시간의 법칙'이라고 표현하고 싶다.

배우거나 알게 된 것을 그날 실행하지 않으면 배우지 않은 것과 같다. 세상에서 제일 무서운 병이 '나중 병, 내일 병'이다.

'쇠뿔도 단김에 빼라'고 하지 않았는가?

성공하는 사람들은 중요하지 않은 일은 나중으로 미루고, 중요한 일부터 처리한다. 반면, 실패하는 사람들은 중요하지 않은 일을 가장 먼저 처리하고 중요한 일은 나중으로 미룬다. 독서를 통해서 실천하고 적용하고 싶다면 절대 미루지 마라. 작더라도 즉시 적용해 보라. 완벽하게 준비해서 대단한 것을 하려는 생각을 애초에 버리길 바란다.

인간이란 완벽한 존재가 아니고, 한 번 사는 인생의 정답을 모르고 살아간다. 그러니 좀 더 멋진 삶을 위해서 '즉시 족'이 되길 바란다. 작지만 즉시 실행을 통해서 독서를 한 후 실행하고 적용한다는 생각이 의식적으로 주입된다면, 갈수록 더 크고 대단한 일도 해낼 생각의 근력이 생길 것이다.

#3 실패 족

마지막이 '실패 족'이다. 보통 실패라고 하면 너무 부정적으로 보는 경향이 있다. 예전에 인기 개그우먼 '조혜련'씨의 인터뷰 내용 중에 참 가슴에 와 닿는 문장이 있다.

"인생에 성공과 실패가 있는 게 아니다. 성공과 과정이 있을 뿐이다."

사람이 죽기 전까지는 그것을 실패라고 단정 지을 수 없다. 성공으로 가는 과정일 뿐이다. 이후, 영향을 받은 나는 실패라는 것을 좀 더 의연하게 대할 수 있었다. 필라멘트 전구를 발명한 에디슨도 유명한 일화에서 이렇게 표현한다.

"나는 천 번 실패하지 않았고, 전구를 만들지 못하는 1000가지 방법을 성공적으로 발견했다."

최근에《파리에서 도시락을 파는 여자》의 저자이자, 일명 파도녀 '켈리 최' 대표의 특강을 들었다. 양재나비에서 200명의 청중이 모여서 그녀의 이야기에 귀를 기울였다. 마흔이 넘은 나이에 10억 원의 빚더미에서 벗어나 7년 만에 연매출 5천억 원 글로벌 기업의 CEO가 되어 유명해진 그녀는 저자 특강에서 이렇게 이야기 했다.

"실패하지 않는 것이 가장 큰 실패다!"

독서를 하면서 무언가를 적용하는 데 있어서 가장 큰 적이 바로 완벽함이 아닐까. 완벽하려고 하면 실패가 두려워 아무것도 실행하지 못한다. 만약 이런 생각에 공감한다면 켈리 최 대표의 말에 귀 기울여 보길 바란다. 특강에서 그녀는 실패에 대한 슬로건을 알려줬다.

"Fail Often."(자주 실패하라)

"Fail Quick."(빨리, 금방 실패하라)

"Fail Cheap."(돈을 적게 들이고 실패하라)

세 가지 모두 참 깨달음을 주지만, 전에 알지 못했던 개념이 바로 'Fail cheap.' 싸게 실패하는 것이다. '실패 족'은 결국 '즉시 족'과 연관이 많이 된다. 즉시, 자주 빨리 실패하면 나중에 크게 실패하는 것보다 비용이 적게 든다. 하지만 우리는 어떻게 해서라도 실패하지 않고 혼자서 조용히 크게 실패하는 우를 범하곤 한다. 이제 독서를 할 때 완벽하게 빨리만 읽고, 기억도 안 나고, 실행도 안 되는 가성비 낮은 독서법을 지양하길 바란다. 한번 따라 읽어 보길 바란다.

"나는 이제 독서 3족이 된다. '의미 족', '즉시 족', '실패 족.'"

적게 읽더라도 의미를 찾기 위해 노력하고, 작은 것이라도 즉시 실행을 하고, 완벽을 기하기보다는 실패할 수 있다는 마음으로 가볍게 적용을 한다면, 지금보다 훨씬 더 개운한 독서가가 될 것이라 자신한다. 독서 3족이 된 여러분을 응원한다.

저자의 관점을 보는 3가지 방법

#1 '양재나비' 저자 특강

2015년 1월, 내 인생 첫 저자를 만난 날!

송수용 대표의 《마지막 1%정성》이라는 책의 저자 특강에 참석했다. 대구에서 버스를 타고 새벽길 뚫고 서울에 도착했다. 강남 고속 버스 터미널의 근처 목욕탕에서 비싼 돈 내고 샤워만 하고 나왔다. 그러고 나서 양재의 으슥한 지하 강의실로 들어섰다. 머쓱한 상태에서 겨우 자리를 잡아 앉았다.

독서 모임이나 저자 특강이 너무 낯설었던 나였지만, 책으로 보던 내용을 직접 저자의 육성을 통해 들으니 정말 새로웠다. 저자의 육성과 몸짓(Gesture)을 보면서 핵심도 보게 되고, 살아 있는 스토리를 통해 현장을 경험하니 정말 가슴이 터질 것 같았다. 특강 중 나오는 노래에 맞춰 '나에게 쓰는 편지'를 적다가 그동안 감춰져 있던 눈물이 나도 모르게 흘러나왔다. 그 눈물이 나의 자아를 찾아가는 기쁨의 눈물이란 것을, 내가 지치지 않고 살아갈 감동의 땀방울의 다른 이름이란 것을, 그땐 미처 몰랐다.

이후 저자 특강의 매력에 빠져서, 한동안 서울에 있는 특강들을 많이 들었다. 저자들을 만나면서 실행력이 향상 되었다. 또한 자연스레 의식이 성장하는 시간이 되었으며, 책의 핵심을 보는 연습 역시 많이 되었다.

아무리 좋은 책도 '나'의 관점에서 보게 되면, 고정관념에 빠진 반쪽짜리 책읽기로 끝날 수 있다. 하지만 '저자'의 관점으로 보는 연습을 하면 어느 순간, 내가 보지 못한 색다르고 깊이 있는 생각에 다다를 수 있다.

#2 저자의 관점을 보는 3가지 방법

내가 저자의 관점을 보는 방법은 크게 3가지가 있다.

첫째, 저자의 특강을 듣고 그 책을 다시 읽는다. 알버트 메라비언(Albert Mehrabian)의 〈메라비언의 법칙〉에 나오듯이 콘텐츠가 차지하는 비중에 비해, 보이는 모습을 통해 의사전달이 더욱 제대로 된다. 그 말은 텍스트보다는 목소리와 제스처, 표정 등의 비언어적인 요소를 통해 이해가 더 잘 된다는 말이다. 저자가 직접 강의하는 경우를 찾아다닌 것도 그런 원리를 삶에 적용한 것이다. 단순히 저자의 특강을 듣기 위한 목적이 아니라 '살아 있는 책읽기'를 하기 위해, 그리고 다시 텍스트를 통한 내용 이해와 특강 교육을 통해 했던 내용 이해를 다시 한 번 크로스 체크할 수 있었다.

둘째, 저자의 동영상을 찾아본다. 가장 많이 본 건 '유튜브(Youtube)'와 '세바시'(세상을 바꾸는 시간 15분)이다. 저자의 짧은 영상이라도 보고 난 다음 책 읽기를 하면 신기하게도 저자가 직접 옆에서 책을 읽어준다는 느낌을 받는다. 특히나 가장 크게 도움 받았던 사람은 서강대 철학과 교수 최진석 박사이다. '나는 누구인가?'에서 1시간 남짓한 길이의 영상과 EBS에서 방영된 64강의 '노자의 인문학 특강'이었다. 그리고 나의 감성 멘토인 박웅현 작가 《여덟 단어》. 이 책은 풀영상은 없지만 시중에 나온 동영상들을 먼저 접한 후 읽으면서 저자의 생생한 읽어주는 독서를 만끽했다. 나는 이런 독서를 '이어스 리딩'(Ears Reading)이라고 이름 붙이고 싶다.

'귀로 듣는 게 아닌 귀로 읽기!'

듣는다는 개념은 수동적이다. 그래서 왠지 모르게 쉽게 사라지는 느낌이다. 하지만 읽는다는 행위는 그에 비해 좀 더 능동적이다. 어떤 단어를 쓰느냐에 따라 우리의 무의식의 반응은 많이 다르다. 이 글을 읽고 있는 사람에게 강권하는 방법이 바로 영상을 통한 저자 읽기이다.

마지막으로, 책의 중요한 부분이다 싶은 부분을 '낭독'을 해본다. 이때 다른 사람들과 차이를 들자면, 나는 그냥 입으로 글을 읽지 않는다. 그야말로 나의 마음과 감성과 영혼을 담아서 읽는다. 마치 내가 많은 청중 앞에서 강의를 한다는 마음으로 읽는다.

생각해보라. 어떤 소리를 우리의 뇌가 더욱 집중하고 몰입할까? 나와 크게 상관없는 사람의 이야기를 하듯이 읽는 것과 내 삶의 가장 중요한 이야기를 하듯이 읽는 것. 꼭 책 읽기 뿐만 아니라, 우리의 삶 자체가 같은 맥락이다. 누구와 이야기를 하더라도 지나가는 시간이 아니라, 이 순간이 영원한 것처럼 집중해서 하는 이야기에 몰입한다.

덧붙이자면, 책을 읽다 보면 저자가 중요하다고 생각하는 부분에는 '헬핑 워즈'(Helping words)가 있다. 저자가 중요한 표현을 할 때 쓰는 단어들이다. 가장 많이 쓰는 단어가 '즉, 강조하건데, 필히, 꼭, 반드시, 내가 하고 싶은 말은, 다시 한 번 말하지만, 부디' 등의 부사나 접속사이다.

그중에서도 가장 중요하다고 생각하는 부사가 있다. 그것은 '바로'이다. 실례로 최근에 인기 있는 음악 방송인 〈복면가왕〉의 MC인 김성주 씨. 항상 중요한 순간 분위기를 띄우고 긴장감을 고조시키기 위해서 항상 '바로오~~~~~~~~~~~~~~~~'라는 표현을 쓴다.

그처럼 책에서 저자들 역시 이런 표현들을 통해 자신의 핵심 메시지를 전한다.

지금 당장 다시 책을 읽어 보라. 그러면 지금 내가 전하는 메시지가 눈에 더 띌 것이다. 그런 표현은 보이는 족족 동그라미나 네모를 쳐 보라. 그러면 그 단어들이 조금 더 입체적인 모습으로 살아날 것이다. 독서가 더욱 입체적으로 생동감 있게 되면 지금보다 훨씬 더 저자의 관점으로 핵심을 볼 수 있다. 이 글을 읽고 계신 분들도 행복을 찾아 가는 독서 여행을 시작하게 되는 것이다.

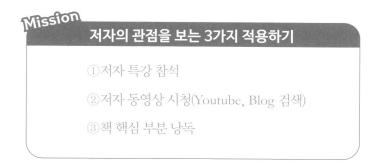

Mission
저자의 관점을 보는 3가지 적용하기

①저자 특강 참석

②저자 동영상 시청(Youtube, Blog 검색)

③책 핵심 부분 낭독

#3 32년 동안 3권

32년 동안 3권밖에 밖에 읽지 못했던 나. 그랬던 나는 위의 3가지 방법을 통해 누구보다 저자의 관점을 보는 연습을 많이 했다. 독서에 서 저자의 관점을 보는 연습은 자연스레 삶과 업무에 적용이 되었다.

삶 속에서 만나는 사람들과의 작은 대화 속에서도 그들의 관점을 보게 되었고, 업무 속에서도 팀원들 또는 CEO의 관점을 보게 되었 다. 처음에 나의 관점으로 삶과 업무를 대했을 때와는 완전히 차원이 달라졌다. 이런 연습을 우리는 실생활에서 할 수 없다. 그런 기회 자체가 잘 오지 않는다.

하지만 독서를 통해서는 언제든 가능하다. 연습을 해 보라. 그런 후 괜찮은 확률이 되면 그런 삶으로 살아 보라. 전과 다른 삶으로 변할 수밖에 없지 않겠는가?

"논어를 읽고도 행하지 않으면 논어를 읽지 않은 것과 같다"라는 말이 있다. 이렇게 이야기 하고 싶다.

"책을 읽을 때 저자의 관점으로 읽지 않으면, 내 생각만으로 읽은 것과 같다."

〈몸 본깨적〉으로 핵심의 핵심을 찾다

Mission

〈몸 본깨적〉 가이드

미션! 이 챕터는 여백이 넓습니다.
당신의 생각이나 느낌을 메모해 보세요.

'Man of the Match.' 스포츠 경기에서 가장 잘한 선수를 부르는 표현이다. 줄여서 'MOM'이다. 독서를 6년에 걸쳐 하면서 늘 가진 고민이 있었다. 어떻게 하면 좀 더 자연스럽게 사고를 깊이 있게 하고 확장해 나갈 수 있을까? 그렇게 고민을 거듭한 끝에 만난 방법이 바로 'MOM' 본깨적 독서이다.

2015년 중반에 경주에서 교육을 진행했다. 당시에 대표 강사인 강규형 대표가 보고 있던 책이 눈에 들어왔다. 녹색 표지에 제목도 꽤 길었다. 그 책을 보다가 책 속에 해놓은 메모를 살짝 보여주면서 기가 막힌 개념이지 않느냐고 알려주었다. 책의 제목은《도쿄대 교수가 제자들에게 주는 쓴소리》였다.

저자인 이토 모토시게 도쿄대 교수가 어느 날 스위스 바젤 국제 경제학회를 참석한 적이 있다. 그때 30권의 경제학 책을 집필한 최고의 경제학자 찰스 킨들버거 교수를 만난 일화가 있다. 30권의 저서의 양도 양이지만 대부분의 책이 베스트셀러였고, 그중에 '경제학 교과서'라는 책은 전 세계적인 경제학 고전의 반열에 오른 책이었다.

이토 교수는 경제학회의 만찬에서 킨들버거 교수의 옆자리에 앉게 되는 행운을 맞았다. 그런 그가 분야를 넓혀 가며 끊임 없는 대작을 낼 수 있는 비결을 물었다.

킨들버거 교수의 표현은 이렇다.

"연구의 비결은 책, 자료를 읽는 방법에 있다. 천천히 읽으면서 중요 부분에 밑줄을 긋고, 떠오르는 생각이나 의문은 여백에 메모를 한다. 다 읽은 후 여백 없이 다시 그 밑줄 그은 내용과 생각을 다시 타자를 친다."

순간 전율이 느껴졌다.

#1 독서경영 기본 과정의 핵심

지금 교육을 하는 영역 중 '독서경영 기본 과정'이라고 하는 독서법 교육이 있다. 핵심은 바로 〈본깨적〉 독서법이다. 책의 핵심을 보고, 나의 언어로 깨달은 것을 삶 속에 적용하는 방법이다. 위대한 경제학자 역시 같은 방법으로 독서를 한다는 것에서 진한 뿌듯함이 밀려왔다.

책을 읽으면서 책의 핵심 키워드나 문장을 요약하고, 떠오르는 생각이나 의문을 여백에 적고 그것을 '본깨적 노트'라는 양식에 옮겨 적는다. 그야말로 킨들버거 교수와 같은 방법이다. 하지만 대가는 달랐다. 그리고 그 대가의 생각에 강규형 대표는 무릎을 탁 쳤다.

자신이 타자 친 메모를 다시 밑줄을 그으면서 읽고, 그때 아이디어나 의문을 다시 메모한다는 것. 바로 메모의 메모를 한다는 것이다.

생전 처음 들어본 개념에 흥분할 즈음 킨들버거 교수의 마지막은 지적 카타르시스를 채워주었다. 계속 작업하여 분량이 모인 메모를 가지고 또 한번 메모를 한다. 그리하여 한 권의 책을 쓸 준비까지도 마친다는 킨들버거 교수의 말. 이것을 바탕으로 적용한 것이 있다.

'Memo on Memo.' 앞 글자를 따서 〈MOM 본깨적〉이 탄생된 것이다.

이론도 중요하지만 실전이 더 중요했다. 그렇게 고민을 하다가 'MOM' 개념을 어떻게 적용할까를 고민해서 나온 게 바로 A4바인더를 활용한 〈몸 본깨적〉 바인더였다. 6년간 꽤 많은 책을 〈본깨적〉 노트로 정리했다. 하지만 그때마다 아쉬운 게 있었다. 정리가 되고 휴대하기에도 너무 좋은

독서 리더 15기 지강헌 리더의 <몸 본깨적> 노트.
스스로 성장하지 못하는 느낌에 힘들어 했다.
<몸 본깨적>을 만난 후 날개를 달았다.
여백에 그의 생각이 춤을 춘다.

A5 사이즈 바인더지만, 〈몸 본깨적〉을 활용하기에는 살짝 부족했다. 그런 고민 끝에 강규형 대표 외 직원들과 고민 해서 나온게 A4 사이즈를 활용한 〈몸 본깨적 바인더〉였다.

기존에는 독서 노트나 '본깨적 노트'를 출력해서 완성된 상태로 여겼다. 하지만 '몸 본깨적 노트'는 킨들버거 교수의 생각을 잘 녹여서 한 번 더 생각하게 만드는 시스템으로 만들었다. 출력할 때 상단과 우측에 인위적으로 여백을 두는 것이다.

"여백은 호기심을 자극하는 공간이다."

어느 강의에서 들었던 표현이다. 흔히 여백이 있으면 빈 공간이라고 생각하지만, 생각을 바꿔보자. 여백에 호기심을 자극하고 떠오르는 아이디어를 적는 연습을 하면 한 차원 더 깊은 생각을 만날 수 있다.

책읽기를 시작한지 얼마 되지 않은 교육생들 중에는 6개월에 걸친 '독서경영 리더 과정'에서 6권 이상의 필수 도서를 〈몸 본깨적〉방법으로 정리하는 미션이 주어진다.

처음엔 조금 부담스러워하지만 한 권씩 끝낼 때마다 지

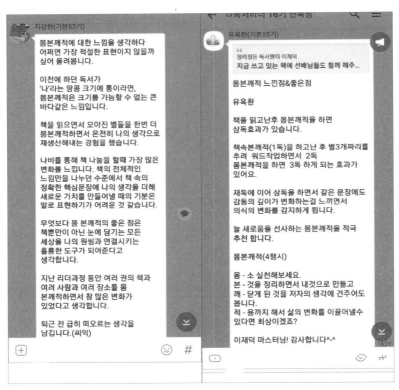

지강현(기본52기)

몸본깨적에 대한 느낌을 생각하다
어쩌면 가장 적절한 표현이지 않을까
싶어 올려봅니다.

이전에 하던 독서가
'나'라는 땅콩 크기에 통이라면,
몸본깨적은 크기를 가늠할 수 없는 큰
바다같은 느낌입니다.

책을 읽으면서 모아진 별들을 한번 더
몸본깨적하면서 온전히 나의 생각으로
재생산해내는 경험을 했습니다.

나비를 통해 책 나눔을 할때 가장 많은
변화를 느낍니다. 책의 전체적인
느낌만을 나누던 수준에서 책 속의
정확한 핵심문장에 나의 생각을 더해
새로운 가치를 만들어낼 때의 기분은
말로 표현하기가 어려운 것 같습니다.

무엇보다 몸 본깨적의 좋은 점은
책뿐만이 아닌 눈에 담기는 모든
세상을 나의 원씽과 연결시키는
훌륭한 도구가 되어준다고
생각합니다.

지난 리더과정 동안 여러 권의 책과
여러 사람과 여러 장소를 몸
본깨적하면서 참 많은 변화가
있었다고 생각합니다.

퇴근 전 급히 떠오르는 생각을
남깁니다.(씨익)

유옥환(기본55기)

" 정리정돈 독서팬더 이재덕
지금 쓰고 있는 책에 선배님들도 함께 해주...

몸본깨적 느낀점&좋은점

유옥환

책을 읽고난후 몸본깨적을 하면
삼독효과가 있습니다.

책속본깨적(1독)을 하고난 후 별3개짜리를
추려 워드작업하면서 2독
몸본깨적을 하면 3독 하게 되는 효과가
있어요.

재독에 이어 삼독을 하면서 같은 문장에도
감동의 깊이가 변화하는걸 느끼면서
의식의 변화를 감지하게 됩니다.

늘 새로움을 선사하는 몸본깨적을 적극
추천 합니다.

몸본깨적(4행시)

몸 - 소 실천해보세요.
본 - 것을 정리하면서 내것으로 만들고
깨 - 닿게 된 것을 저자의 생각에 견주어도
봅니다.
적 - 용까지 해서 삶의 변화를 이끌어낼수
있다면 최상이겠죠?

이재덕 마스터님! 감사합니다^-^

18:19

<몸 본깨적> 노트를 통해 전에 없던 경험을 하는 독서경영 리더 과정 교육생들.
그들의 변화에 대한민국 독서혁명을 그려 본다.

금껏 맛보지 못한 독서의 참맛을 알아가고, 더욱 깊어지는 생각을 해나가는 모습으로 변하면서 희열을 맛보게 해주어 너무 감사하다고 한다. 정은영 강사는 그중에서도 가장 큰 혜택을 보고 있다. 책을 읽고 〈몸 본깨적〉을 통해 기업 독서경영에 활용할 콘텐츠를 제작하기가 너무나 수월해졌다는 것이다. 그 동안의 읽은 독서량도 쌓였기에 가능했겠지만, 누구보다 치열하게 〈몸 본깨적〉으로 정리를 해나갔다. 지금은 본인의 저서도 준비할 정도로 성장하고 있다. 아무리 좋은 개념이라도 그것을 삶에 적용하지 못한다면 의미가 없다.

'해야 하는 것보다 더 무서운 것은 될 수밖에 없는 환경이다.'

생각을 해야지가 아니라, 생각을 할 수밖에 없도록 만들어주는 〈몸 본깨적〉. 많은 책을 읽고 생각의 폭을 키우는 것도 중요하지만, 대가가 알려주는 방법을 당신의 삶 속에 녹여 내보길 바란다.

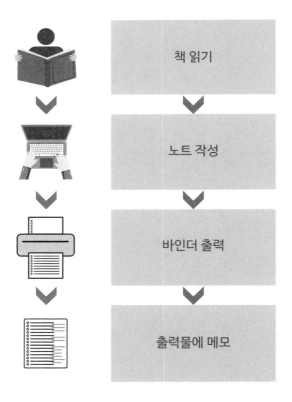

〈 몸 본깨적 〉 프로세스

책 읽기

노트 작성

바인더 출력

출력물에 메모

<제 3 장 >

정리력

'집중'될 수밖에 없는 도구

프로세스는
개선될 수밖에 없다

#1 프로세스 점수 2점

'10점 만점에 10점!' 한때 유행했던 2PM의 노래 가사이다.

'Communication Style' 검사가 있다. 쉽게 말해, 사람의 의사소통 능력을 체크하는 검사로 4가지 영역으로 분류된다. Action형, Idea형, People형, Process형 이렇게 4가지로 구분된다.

총 40점 만점에 각 형의 점수는 10점 가까이 되는데, 프로세스 점수만 2점이었다. 보통 사람들은 아무리 낮아도 7점이 나온다. 그러니 나는 프로세스에 대한 능력이 지극히 떨어진다는 말이다. 참 신기한 일이다. 이렇게 프로세스 능력이 낮은 사람이 지금은 대한민국 '서류 정리정돈' 솔루션으로 〈오피스 파워 정리력〉의 메인 강사 되었다.

2점이라는 충격적인 점수를 받았을 때 한줄기 빛이 되었던 깨달음이 있었다. 프로세스는 개선될 수 있다는 것이다. 정말 다행이었다. 다른 점수는 쉽게 변하지 않는다. 하지만 프로세스 영역은 개선이 될 수 있다는 말을 듣고 정말 열심히 과정을 개선하려고 노력했다.

#2 과정의 힘을 강조하는 대가들

2017년 멘토인 강규형 대표가 손꼽는 책 중의 한 권인 엠제이 드마코의 《부의 추월차선》에 과정에 대한 구절이 나온다.

"백만장자는 사건이 아니라 과정에 의해 만들어진다. 부를 얻는 것은 하나의 사건이 아니라 일련의 과정이다."

"부자가 되는 모든 사건의 이면에는 과정 즉, 도전과 위험, 노력과 희생의 비하인드 스토리가 존재한다."

그렇다. 많은 사람들은 어떤 일의 과정보다는 결과에 집중한다. 예를 들면, 어느 집 자녀가 서울대에 들어갔다는 둥, 토익을 950점을 맞았다는 둥, 책을 1000권을 읽었다는 둥. 늘 결과에만 집중을 한다. 하지만 저자는 그 결과도 중요하지만, 결과가 나오기까지 진행된 과정의 중요성을 더 생각할 필요가 있다고 강조한다.

2점을 맞은 이후로 변화된 결과를 보기보다는 순간순간 진행되는 과정을 개선하려고 노력했다. 전 세계 자동차 시장의 강자인 도요타도 처음부터 디테일한 시스템이 있었던 건 아니다. 4대에 걸쳐 개선 즉, 카이젠(Kaizen : 점점 나아지게 하다)의 결과이다. 그 이면에는 문서화된 절차가 있었고, 그 문서를 통해 유전자가 진화할 수 있었던 것이다. 결국 과정의 개선으로 인해 현재의 위치가 된 것이라 볼 수 있다.

라이언 홀리데이의 《돌파력》에도 과정에 대한 이야기가 좀 더 찐하게 나온다. USA투데이는 지난 2006년 이후 미국 대학의 풋볼·농구팀 감독의 총수입을 추적한 결과 닉 세이번 감독이 수입왕으로 올라섰다고 전했다.

닉 세이번 감독은 물론 그의 코치들과 선수들이 하나같이 뼛속 깊이 새기는 단어가 있다. 입으로만 말하는 것이 아니라 마음 한복판에 문신처럼 새긴 채 행동 하나하나에 그 의미를 담는다. 그들이 거둔 초유의 성공이 바로 그 단어 덕분이기 때문이다. 그 단어가 바로 '과정 (Process)'이다. 라이언 홀리데이의 과정에 대한 이야기는 과정에 집중하려는 나에게 더욱 불을 지펴주었다.

"과정에 온 힘을 기울이라. 두려움을 과정으로 대체하라. 과정에 의존하고, 과정에 기대고, 과정을 신뢰하라. 과정은 지금 이 순간에 맞는 일을 제대로 하는 것이다."

큰 영향을 끼치는 저자나 명사들은 하나같이 과정에 대한 이야기를 하고 있다. 결과를 보면 크게 개선할 수 있는 게 없다. 하지만 과정을 보는 눈을 가진다면 달라진다. 과정 vs 결과에 덧붙여 새길 만한 개념이 있다. 바로 '소비자 vs 생산자'의 개념이다.

흔히 우리는 소비자의 삶을 살면서 결과에 집중한다. TV 홈쇼핑을 보더라도 좋은 상품을 보고 소비를 한다. 맛집에 가서 맛있는 음식을 보고 소비를 한다. 그러니 늘 돈을 쓰는 입장에 처한다. 하지만 생산자의 관점에서 과정을 보면 만사가 배움거리가 된다

#3 생산자의 관점

TV홈쇼핑을 보며, 어떤 부분이 설득력이 있고, 내가 적용할 수 있는 부분은 어떤 것인지를 파악할 수 있었다. 맛집에 가서도, 맛있는 음식도 먹지만, 이 집에 손님이 많이 오는 비결이 무엇인지를 고민하게 되고, 주방장이나 홀에 있는 직원들을 관찰하게 된다. 그리고 질문에 질문을 더하게 된다.

'이 집의 주방장은 칼질을 얼마나 연마했을까?, 이 집의 채소들은 어느 지역에서 배달되어 올까?, 단가에 비해서 임대료나 유지 비용이 많이 드는데 얼마나 수익률이 나올까?' 등등. 전에 보이지 않던 깊은 것들이, 많은 것들이 보이기 시작한다.

실제로 교육을 받을 때 철저하게 수강생 관점으로 강의하는 화려한 강의를 봤다. 그런데 크게 깨달음이 오지 않았다. 강의를 하는 내 입장에서 특별히 적용할 게 없는 듯했다. 하지만 수강생이 아닌 강사의 관점에서 보니 엄청난 깨달음과 적용할 아이디어가 봇물처럼 터져 나왔다.

강의 6년차인 지금도 8시간 강의를 진행하다 보면 너무나 피곤하다. 그러다 보니 '강의력'보다는 체력 때문에 강의의 질이 좌우된다. 당연히 수강생의 만족도에도 큰 영향을 끼친다. 처음에는 강사 멘토

인 강규형 대표에게서 강의 능력만 보고 배웠다. 하지만 지금은 다르다. 결과도 중요하지만 멘토의 강의하는 과정을 보게 되었다.

그래서 강규형 대표가 신고 있는 신발을 구매하게 되었고, 강의 중간 중간에 섭취하는 비타민, 생식 등의 식단도 따라하게 되었다. 심지어 프리젠터를 활용하는 모션이나 워크숍을 진행할 때의 동선이나 몸동작 등도 따라하는 지경에 이르렀다. 신기하게도 강의에 집중을 했을 때보다 이런 과정을 따라하고 집중을 하니, 훨씬 더 높은 만족도의 결과가 나오기 시작했다.

지금은 정말 이 말이 맞다고 생각한다.

'프로세스, 즉 과정은 정말로 개선할 수 있다.'

'생산자의 관점에서 과정을 개선한다면 지금보다 훨씬 더 풍요로운 변화의 주인공이 될 것이다.'

10번의 퇴짜,
1번의 진짜

#1 우연히 교육을 만들다

"이재덕 마스터, 정리력 교육 한번 만들어 보게!"

2016년 1월 입사 이후 가장 큰 프로젝트를 맡게 되었다. 32년 동안 겨우 3권 읽었던 사람이 아무리 교육을 듣고 자기계발을 했다 해도, 불과 3년 만에 교육 프로그램을 만든다는 건 말처럼 쉬운 일이 아니다. 처음엔 어떻게 해야 할지 몰랐다. 그래서 그냥 닥치는 대로 자료를 모으고 만들었다.

그때 강규형 대표는 늘 그랬던 것처럼 큰 도움의 손길을 주었다. 평소 아끼는 바인더 2권을 보여주면서 그 속에 있는 핵심들을 상용화 가능하게 만들기를 이야기했다. 3개월 동안 혼자 끙끙 앓았다. 정말이지 답이 나오지 않는 시간이었다. 그렇게 3개월에 걸쳐서 어설프게 보고를 했고, 그야말로 신나게 혼이 났다.

정신을 차리고 집중을 했다. 그래서 일단 양으로 승부를 걸자는 마음으로 정리정돈에 관한 30권 정도의 책을 읽고 무작정 정리를 했다. 책을 읽고 핵심만 뽑아내는 느낌으로 1단계를 정리를 했다. 그리고 30권의 책의 핵심 부분들을 PPT로 옮기는 작업을 했다. 말이 쉽지 만만치 않은 작업이었다. 며칠 밤을 새워 PPT 600장 정도를 만들었다.

두 번째 보고를 드렸다. 다행히 이번에는 칭찬을 들었다. 우선 양이 많은 것이 너무 잘했다고 하면서 칭찬을 해주셨다. 작은 성취감을 맛보고 다시 PPT 삼매경에 빠졌다. 무려 1400장 가까운 PPT를 작성했고, 이후 3번째부터 6번째까지 기획은 없고 그야말로 양만 늘리는 단순 작업을 진행했다. 7번째 보고 후 날벼락이 떨어졌다. 강규형 대표의 피드백은 지금 생각해도 소름이 돋는다. 밤을 새워가면서 준비했는데 돌아온 이야기는 이랬다.

"연구 좀 하지! 공부를 안 했네! 이래서 진짜 런칭할 수 있겠어?"

이날은 충격이 너무 컸다. 피드백을 받고 강의장 구석에서 하늘을 보고 1시간 동안 멍하니 한숨만 내뱉었다. 정말이지 더는 못하겠다는 생각이 스멀스멀 올라왔다. 지금까지 해온 게 아깝다는 생각보다는 앞으로 해야 하는 게 너무나 부담스러워졌다. 그렇게 1주일 정도 산송장처럼 지내고 있는데 도움의 손길이 들어왔다. 회사 내에서도 가장 보석 같은 존재들인 홍혜숙 디자인 팀장과 장주영 기획 팀장이었다.

#2 거미형 인간

나는 당시 정확한 업무 분장이나 역할을 파악하지 못했다. 더구나 혼자서 열심히 일하는 '개미형 인간'이었다. 다행히 두 분의 도움으로 기획과, 디자인이 들어가면서 강의안이 전과 다르게 많이 세련되어졌다. 그때 깨달은 것이 있다.

'개미형 인간이 아니고, 거미형 인간으로 일해야겠다.'

이제는 혼자 일을 잘하면 되는 시대는 지났다. 팀으로써 협업과 공유가 중요한 시대이다. 최근 들어 '공유'라는 키워드가 시대의 트렌드가 되고 있다. 업무에 있어서도 마찬가지이다.

그렇게 조금씩 틀을 잡아가던 차에 드디어 직원들을 대상으로 '프로토(Proto) 강의'를 진행하게 되었다. 내 이름을 달고 처음으로 강의를 해보는 상황이었기에 정말 심장이 밖으로 나오는 줄 알았다. 회사 대표님, 이사님, 그리고 여러 팀장들을 모시고 하는 강의는 정말 발가벗고 춤을 추는 느낌에 가까울 정도로 민망하고 불편했다.

3시간에 걸쳐 강의를 했고, 생각했던 것보다 뜨거운 반응이 나왔다. 정말 어떻게 진행했는지도 모를 정도로 진행했는데 다행히 좋게 봐주셔서 안도할 수 있었다. 그날 이후 강규형 대표는 평생에 새길 만한 주옥같은 조언을 해주셨다.

"우리끼리 안에서 치열하게 깨져야 한다. 밖에 나가서는 전쟁이다. 우리 안에서 치열하게 검증하고 연구하면 나가서는 가능성이 있다. 고객들에게 돈을 받고 강의를 하는 걸 너무 쉽게 생각해서는 안 될

다. 정성을 다해야한다. '정말 마지막이다'라는 마음으로 최선을 다해야 한다."

왜 그토록 치열하게 피드백을 하셨는지 이해할 수 있었다. 그리고 그동안 쌓였던 섭섭함이나 불편했던 감정들이 눈 녹듯 녹아내렸다.

#3 2017년 4월 1일 만우절

'3P자기경영연구소'에 입사한 이래, 내 이름을 달고 하는 첫 유료 강의. 지금 생각해도 정말 거짓말 같은 날이었다. 30명 남짓한 교육생들이 왔다. 아니 와주셨다는 표현이 맞다. 평소부터 좋은 관계를 맺었던 분들이 열 일 제치고 와주셨다. 정말 평생의 은인들이다.

첫 강의임에도 너무나 완성도 있다는 말들이 주를 이룰 정도로 성황리에 끝났다. 이후 5월에 단무지 독서MT에서는 180명 가까운 청중들을 모아놓고 흐느끼듯 강의를 했다. 그냥 상황 자체가 감동이었다. 1년 4개월에 걸친 치열했던 시간이 주마등처럼 스쳐갔다. 그때서야 진짜 강규형 대표의 노련한 리드가 진심으로 감사하게 느껴졌다.

2018년 5월 현재 〈오피스 파워 정리력〉 강의로 벌써 240명 정도의 수강생이 배출되었고, 많은 교육생들이 매뉴얼을 장착했다. 또한 업무의 정리정돈을 통한 집중으로 성과에도 큰 도움을 받고 있다. 이후 개설된 〈기업 정리력 컨설팅〉도 벌써 6개 회사에 도입이 되었다.

열 번의 퇴짜 끝에 오는 한 번의 진짜가 중요하다. 퇴짜는 많이 맞을수록 완벽에 가까워진다. 강규형 대표 역시 멘토인 박성수 회장에게 퇴짜를 20번에 걸쳐서 맞은 경험을 이야기한 적이 있다. 신기하게 도 처음 기획안과 20번 퇴짜 후의 기획안은 하늘과 땅차이가 난다고 했다. 이 글을 읽고 있는 독자들에게 권한다.

"어떤 일이든 주어지면, 처음부터 완벽한 마무리를 생각하지 마라. 진짜는 한 번 만에 나오기가 쉽지 않다. 대신 최대한 빠르게 퇴짜를 맞아 봐라. 가급적 자주 맞아 봐라. 빠르게, 자주 퇴짜를 맞을수록 진 짜가 다가오는 속도는 훨씬 더 빨라질 것이다."

3명의 저자에게서 찾은
서류 정리력 3단계

#1 '독서경영 기본 과정' 1기

2013년 4월 13일, 교육생으로 '독서경영 기본 과정'이라는 수업을 들었다. 그리고 현재 56기(2018년 6월 현재) 강사로 교육을 하는 진행을 하고 있다. 교육생으로 시작해서 강사가 되기까지 단 한 기수도 빠짐없이 함께 해준 책 한 권이 있다. 바로 마쓰다 미스히로의 《청소력》이다. 현재 구매해서 소장하고 있는 책이 벌써 4권이며, 읽은 횟수에 강의한 횟수를 포함하면 무려 100번 이상이다. 이 책 한 권으로 정말 많은 생각을 하게 되었다.

처음에는 단순히 청소에 관한 책이라고 생각했다. 하지만 시간이 가고 나의 생각의 폭이 깊어지고 넓어질수록 〈청소력〉의 가치 또한 다르게 느껴졌다.

우선 처음에 읽었던 시기에는 '청소'라는 단어가 와 닿았다. 이후에는 청소라는 단어 대신 '력'이라는 단어가 더 와 닿았다. 그렇다. 청소라는 명사에 '력'이라는 단어를 더함으로써 새로운 〈청소력〉이라는 개념을 말하는 저자의 생각이 와 닿았다. 이때 깨달은 '력'의 의미와 힘을 적용해서 나온 교육이 바로 〈오피스 파워 정리력〉이다.

청소력 145면에 나오는 내용은 이렇다.

"작심 3일을 7번 반복하면, 21일 동안 습관화할 수 있는 프로세스가 나올 수 있다."

이때 장난삼아 21일을 3번으로 쪼개어 보았다. 그리고 정리, 정돈, 습관이라는 단어들을 적어 보았다. 그렇게 〈오피스 파워 정리력〉 강의의 0.1버전이 시작되었다. 《청소력》은 읽을수록 정리에 대한 개념을 잘 설명해주고 있다. 그래서 정돈과 습관에 대한 책을 한번 구해보려 노력했다. 그렇게 만난 책이 바로 김성호 대표의 《보이게 일하라》와 조성민 대표의 《작은 가게 성공 매뉴얼》이다.

원래 처음 콘셉트를 잡은 것의 세 번째가 습관이었다. 공부를 하고 강의 콘셉트를 잡는데 흐름이 매끄럽지 않고 중간에 계속 막혔다. 그러다 우연히 발견하게 된 책이 조성민 대표의 책이었고, 대전에 있는 그의 매장에 방문하게 되면서 습관이라는 단어 대신에 '매뉴얼'이라는 단어를 콘셉트화 하기 시작했다. 그렇게 해서 〈오피스 파워 정리력〉의 3가지 키워드가 정해졌다.

무려 1년 4개월이라는 시간 동안 강의안을 만들고 홍보하고, 전체 과정을 준비함에 있어서 가장 중요한 것은 최초의 콘셉트를 잡는 것이었다. 단무지라는 독서MT, 독서경영 기본 과정, 독서경영 리더 과정 그 외 어떤 행사든지 강규형 대표와 함께 시작할 때 가장 많은 시간을 할애하고 공을 들이는 것이 '콘셉트'를 잡는 것이다.

《결국 컨셉》이라는 책이 있다. 이 책을 통해서 콘셉트의 위력을 더욱 실감하게 되었다. 티셔츠와 남방을 생각하면 떠오르는 브랜드가 두 가지가 있다. '폴로'와 '빈폴'이 그 주인공이다. 부동의 1, 2위 브랜드를 견제하기 위해서 들어온 브랜드의 광고가 뇌리에 깊이 박혔다.

말을 탄 신사가 한 명 깔끔한 옷가게 앞에 내린다. 그리고 말은 떠나고, 신사는 가게로 들어간다. 그러면서 한 줄의 문장이 엔딩을 장식한다.

'Paul is gone!'

이 한 줄의 문장으로 업계에서 두각을 드러내기 시작했다. 빈폴의 '폴'과 폴로의 '폴'을 동시에 보내 버렸다. 그리고 브랜드 네임이 뜬다. 바로 의류업체 헤지스(Hazzys)의 사례이다. 구구절절 많은 말을 할 필요 없이 이렇게 콘셉트로 소비자의 기억 속에 자리 잡는 힘. 이것이 콘셉트이구나를 명확히 느낀 사례이다.

지금 당신의 '콘셉트'는 무엇인가?

정리력의 콘셉트

비움을 통한 업무에 집중하는 정리

분류를 통한 업무를 보이게 하는 정돈

채움을 통한 업무의 시스템을 만드는 매뉴얼

\<정리력\> 철학의 스승,
짐 론 & 이나모리 가즈오

어느 순간부터 인생의 씨앗이 되는 귀한 책들을 만나는 경험을 자주 하고 있다. S출판사 대표와 회사 대표의 미팅 자리에 운전을 하면서 동석을 한 적이 있다. 그때 여러 가지 이야기가 오가다가 어느 순간 내 귀를 솔깃하게 하는 대화가 있었다.

S출판사 대표는 인생의 가장 큰 뿌리가 되는 책에 관련된 이야기를 꺼냈다. 대한민국에서는 잘 알려지지 않은 저자에 대한 이야기. 그 저자를 직접 찾아가, 그것도 몇 번이나 찾아가 판권을 따내기 위해 노력했던 현장에서의 경험을 이야기해주었다. 순간 대표를 통해 나온 저자의 이름과 책 제목은 너무나도 생소했다.

그 당시만 해도 이 책이 나의 인생을 이렇게 송두리째 바꿔놓을 줄 꿈에도 생각하지 못했다. 심지어 책에 있어서는 엄청난 전문가이자, 다독가이신 대표님도 저자는 알고 있었지만 책은 생소하게 느끼셨다. 짐 론(Jim Rohn)의 책이 국내 번역된 적이 거의 없기 때문이다.

#1 정리력 철학의 스승, 짐 론

그 책은 바로 짐 론 박사의 《내 영혼을 담은 인생의 사계절》이다.
알고 있다. 지금 이 글을 읽고 있는 당신도 고개를 갸우뚱할 것이다.
참고로 짐 론 박사는 아마존 최장기 베스트셀러 1위를 했고, 전 세계
에 1000만 부 이상의 책을 판매했다. 이런 분의 책이 대한민국에 별
로 없다는 것이 아이러니하다.

《타이탄의 도구들》에서 '가장 현명한 교사를 직접 찾아가라'는 파
트가 있다. 토니 로빈스는 세계에서 가장 유명한 성과향상 코치다. 빌
클린턴부터 오프라 윈프리 등 수많은 사람들에게 자신의 지혜와 조
언을 나눠주고 있다. 그런 토니는 지금껏 자신이 성공한 최고의 투자
로, 17살 때 짐 론의 3시간짜리 세미나를 듣기 위해 지불한 35달러를
꼽는다. 당시 40달러가 주급이었기에 엄청난 모험이었다. 갈수록 짐
론 박사의 가치가 더욱 높아졌고, 생소하기만 했던 짐 론 박사의 책은
너무나 절절히 가슴으로 와 닿았다.

이때 들은 이야기는, 이 책의 원본이 고작 30면밖에 안 된다는 것이
다. 200면 분량의 책을 출간하는 과정에서 그림과 삽화, 그리고 편집
이 들어가면서 양장본으로 예쁘게 출간되었다. 중고서적으로만 구할
수 있는 귀한 책이 되었다. 무려 5만원이 넘는 금액이다.

이 책은 한 장 한 장 넘기기가 아까울 정도로 삶에 대한 깊은 성찰

과 작가만의 철학이 묻어 있다. 그중에서도 내게 가장 동기부여를 준 부분은 이것이다.

"우리는 자신의 단계를 한 단계 더 업그레이드 하고자 한다면, 그러한 성취가 '행동'과 '버리기'로 되어 있다는 것을 잊지 말아야 한다. 이기심의 근원, 걱정, 질투, 원망, 과거에 대한 생각을 버려야 한다. 그리고 만나는 수많은 사람들에 대한 일도 버려야 한다."

〈오피스 파워 정리력〉 강의를 거의 완성할 즈음이었다. 방법(How to)은 정리가 다 되어 가는데, 깊이 있는 철학, 목적(Why)이 부족한 상태였다. 몇 개월을 고민하던 차에 다가온 이 책의 글귀는 단비 같은 존재였다.

#2 걱정 버리기

'걱정'에 대한 아프리카 속담이 있다.

"걱정을 해서 걱정이 없어진다면, 걱정이 없겠네!"

그렇다. 우리네 삶에서 걱정이라는 것만 줄여도 살 만하다. 짐 론 박사의 말을 빌리자면 정신의 덫을 끊어 버려야 한다.

심리학자 어니 젤린스키의 말에 따르면,

"걱정의 40%는 절대 현실로 일어나지 않고, 걱정의 30%는 이미 일어난 일에 대한 것이다. 걱정의 22%는 할 필요가 없는 사소한 것이고, 4%만이 우리가 바꿀 수 있는 것이다. 나머지 4%는 우리 힘으로도 어쩔 수 없는 것이다. 고작 4% 때문에 나머지 96%나 되는 걱정을 더하면서 사는 것이다."

언제까지 걱정을 해도 답이 나오지 않고, 해결되지 않을 일에 열정적으로 걱정을 할 것인가?

이 책에 나오는 이 한 구절을 가지고 교육에서 20분 동안 이야기를 나눈다. 교육을 들은 수강생들은 나중에 이 내용이 한 권의 책에서 겨우 1면 분량이라는 것에 깜짝 놀란다. 그도 그럴 것이 겨우 1면에서 나온 이야기치고는 너무나 깊이가 있기 때문이다.

예전에는 무언가 많이 넣으려고만 했다. 그러나 지금은 다르다. 지금은 일부러라도 무언가를 더 빼보려고 한다. 정리하려고 한다. 비우려 한다. 내려놓으려고 한다. 그렇게 할수록 더 일이 잘 풀리고, 문제가 잘 해결이 되는 경험을 많이 한다.

실제로 강의를 5년 가까이 하고 있지만, 이전에는 정말 열심히 해도 반응이 시큰둥한 적이 제법 있었다. 그런데 최근에는 욕심이나 걱정을 내려놓고 힘을 뺀 상태로 강의에 젖어들면서, 신기하게도 마치고 반응이 이전보다 훨씬 더 좋게 나온다.

화엄경에 나오는 구절이 떠오른다.

"나무는 꽃을 버려야 열매를 맺고 강물은 강을 버려야 바다에 이른다."

이 글을 쓰고 있는 지금도 겪고 있다. 잘 쓰려고 하고, 멋지게 쓰려고 하면 할수록 생각은 철저하게 닫혀 버린다. 한 글자를 써내는 것도 여간 어려운 일이 아니다. 세상에서 가장 힘든 일인 듯 느껴진다.

그러다 차 한 잔 마시고, 욕심을 내려놓고 '진짜 한 사람이라도 이 글을 통해 회복이 되고, 동기부여를 받는다면 그것으로 족하다'라는 마음으로 컴퓨터 앞에 앉으면 언제 그랬냐는 듯이 생각이 편하게 손끝을 통해 글로 마무리 된다.

자! 지금은 플러스(+)가 아닌 마이너스(−)에 집중해 보라. 지금까지 살아오면서 너무나 많이 쌓지(+) 않았는가. 이 순간부터는 걱정도 조금 더 내려놓고(−), 욕심도 한번 버려 보라(−). 비우고 버리고 정리하면 삶은 더욱 더 찬란하게 빛날 것이다. 살아 있는 것 자체가 기적이고, 만사가 당연이 아닌 감사일 것이다.

지금 이 글을 읽을 수 있는 두 눈과 인지할 수 있는 정신. 책 한 권 살 수 있는 여유가 있는 우리의 삶. 없는 것을 가지려 애쓰지 말고, 가진 것을 소중히 여기는 마음으로 정말 한번 자족하며 살아 보길 바란다.

짐 론 박사와 더불어 〈정리력〉의 철학을 더해준 사람이 있다. 일본 교세라의 회장인 이나모리 가즈오이다.

#3 정리력 철학의 스승, 이나모리 가즈오

〈정리력〉 강의 3가지 축 중에서 '정리'와 '정돈'에 대한 부분이 마무리 되었다. 하지만 '매뉴얼'에 대한 부분은 도무지 갈피를 못 잡고 있었다. 2016년 추석, 고향으로 내려가는 길에 '3P자기경영연구소' 강규형 대표로부터 6권의 책을 전해 받았다. 모두 이나모리 가즈오 회장의 책이었다.

사실 잘 모르던 분이었고, 경영에 대한 어려운 느낌이 있었기에 큰 기대는 하지 않았다. 그중에서 가장 두꺼운 책이 있었다. 일본의 굴지의 대기업인 교세라에는 내부에서만 비밀리에 공유되던 소책자가 있었는데 바로 《교세라의 필라서피(철학)》이다.

이나모리 회장의 경영과 철학의 정수만을 압축적으로 정리했으며 밖으로 유출된 적이 단 한 번도 없는 자료다. 그 책의 항목 일체를 공개하고 이나모리 가즈오의 해설을 붙인 책이 나왔다. 이나모리 회장의 경영철학을 집대성했으며, 많은 경영자와 비즈니스맨들의 나침반인 책이 6권 안에 있었다. 바로 《바위를 들어 올려라》였다. 책 속 표지를 보고 기대감으로 들떴다.

"알리바바 마윈도, 소프트뱅크 손정의도 벽에 부딪쳤을 때마다 열어 보는 이나모리 가즈오의 절대 실패하지 않는 경영철학."

도대체 어떤 책이기에, 시대의 리더들이 이렇게 극찬을 했을까? 지금은 많은 철학이 주옥같지만, 그중에서도 단연 돋보였던 철학적인 표현이 있다.

"어떤 일을 하든지 미리 그 결과가 보이는 상태에서 시작해야 한다. 처음엔 단순한 꿈이나 소망에 지나지 않더라도, 그에 대해 진지하게 생각하고 또 생각하면서 머릿속에서 앞날을 구체적으로 그려 보라. 그러다 보면 꿈과 현실 사이의 경계가 사라지고, 아직 하지 않은 일을 이미 해낸 것 같은 기분이 든다. 점점 할 수 있을 것 같은 자신감도 생긴다. 이것이 바로 '보일 때까지 생각한다'의 효과이다. 이처럼 미래가 구체적으로 보이는 상태까지 깊이 생각해야만 전례 없는 일, 창조적인 일, 어려운 장애물을 몇 개나 뛰어넘는 일을 해낼 수 있다."

이 부분이 훗날 내가 생각하는 〈정리력〉의 중요한 철학으로 자리매김했다. 철학을 세우길 바란다. 그러면 모든 일이 순조롭게 진행되는 상황으로 접어들 것이다. 지금 하고 있는 교육의 철학을 알려주고 싶다.

"플라스틱 바인더 안에 우주를 담는다."

내가 생각하고 상상할 수 있는 모든 것은 정리를 할 수 있다. 그 결과가 보이는 상태에서 시작을 하고, 보일 때까지 생각하는 연습을 꾸준히 하다 보면, 일을 시작하기 전에 일이 정리가 되는 경험을 할 것이다.

이 표현이 어렵다면 《생산성》의 '블랭크(Blank) 자료'에 대한 부분을 참고하길 바란다.

⟨정리력⟩
사례

'놀작 마이아트'

#1 ⟨정리력⟩ 컨설팅 첫 개업

어떤 일이든 개업을 하면 처음 맞이한 고객이 기억에 남을 수밖에 없다. 2016년 1월부터 2017년 4월까지 치열하게 고민을 하고 공부를 해서 ⟨오피스 파워 정리력⟩ 과정을 탄생시켰다. 하지만 처음부터 다수의 수강생에게 교육을 하기에는 위험부담이 있었다. 그때 내게 단비같은 도움을 준 사람들이 있다. 놀이와 창작을 통해 아이들에게 미술로 행복을 전해주는 '놀작 마이아트'의 지사장들이다.

⟨3P독서경영 리더 과정⟩과 ⟨3P바인더 코치 과정⟩에서 인연이 된 '윤혜성' 마스터 코치를 통해 만나게 된 귀한 인연들이다. 서울, 인천, 오산, 대전, 대구에서 다섯 사람의 지사장들이 모여 함께했다. 아직 완벽하게 검증된 교육이 아님에도 불구하고 믿음을 주고 함께 해

주었다.

벌써 1년 반이라는 시간이 훌쩍 넘었다. 만약 이때 이들의 도움이 없었다면 지금처럼 교육 과정이 잘 성장할 수 있었을지 의문이다. 그래서 이 글을 쓰는 지금 이 순간에도 너무나 감사한 마음이 든다. 지사장들과는 총 3번의 만남을 가졌다. 다섯 사람 모두 열정과 긍정의 마인드로 똘똘 뭉친 이들이고, 지역에서 큰 영향력을 끼치는 원장들을 관리하고 도와주는 지사장들이었다. 일을 열심히 하는 이들이라 첫 인상부터 달랐다. 눈빛은 살아 있고, 교육을 대하는 자세 또한 남달랐다.

#2 3번의 만남으로 매뉴얼을 만들다

첫 교육은 남양주에 있는 집에서 시작했다. 시작 시간이 9시였다. 그 말은 대구에서 오는 지사장의 경우 새벽 4시나 5시에는 출발을 해야 하는 강행군이라는 것이다. 그럼에도 새벽에 차를 몰고 오는 엄청난 열정을 보여주었다. 교육을 진행하면서 지사장들은 같은 고민을 하고 있었다. 회사에 많은 프로그램이 있고 좋은 홈페이지가 있지만, 조금 더 제대로 분류를 해서 원장들에게 전해줄 수 있는 매뉴얼을 만들고 싶다는 점이었다.

교육을 진행하면서 느꼈지만, '놀작 마이아트'는 자체 프로그램이 정말 탄탄하고 경쟁력 있었다. 조금만 더 매뉴얼화된다면 더 큰 영향력을 끼칠 수 있을 것이라는 생각이 들었다.

첫 회 꽤 오랜 시간 컨설팅을 했음에도 불구하고, 지사장들은 마치고 바로 집으로 가지 않았다. 근처에 있는 커피숍에 가서 스스로 피드백을 했다. 그리고 좀 더 깊이 있는 토론을 하면서 정말 살아 있는 매뉴얼을 만들기 위해 노력했다.

2회 차에는 '3P자기경영연구소'에서 진행을 했다. '비전'이라는 것은 말로 하는 게 아니라 보여주는 것이다. 그래서 제대로 된 매뉴얼과 지식화된 시스템을 보여주고 싶었다. 교육을 지식과 머리, 이론으로만 하지 말고, 몸과 경험을 보여주자는 평소의 교육철학을 보여주고 싶었다. 몇 번 와 본 사람도 있었지만, 그냥 훑어보는 것과 가이드를 해주면서 제대로 보는 것에는 큰 차이가 있다. 하나하나 중요한 개념을 알려드리고 Q&A를 통해서 더욱 깊이 있는 이야기들을 나눌 수 있었다. 2회임에도 벌써 꽤 많은 적용을 하고 있는 모습들에 너무나 감사했다.

마지막 3회 차는 대구에 있는 실제 지사에서 진행했다. 다섯 사람 중 한 사람은 뱃속에 태아가 있는 상태로 운전을 해서 오는 열정을 보여주었다. 지금은 무사히 아기를 출산했지만, 생각해보면 얼마나 갈급하고 집중하고 있었는지를 배울 수 있는 시간이었다. 늘 교육을 진행하면서 알려주기만 하는 게 아니라, 교육생들을 통해서 많은 것을 배울 수 있었다. 다섯 명의 지사장들에게서 원장들을 생각하고, 앞으로 더 멋진 교육을 위해 몸소 먼저 실천하는 진정한 교육자의 모습들을 볼 수 있었다.

'뭉치면 살고, 흩어지면 죽는다.'
그녀들이 뭉쳤다.
그녀들이 만들었다.
그녀들로 인해 더 많은 사람들이 행복하게 일한다.
당신의 일을 매뉴얼화 하라!

그렇게 3회에 걸쳐 스스로 작지만 매뉴얼들을 만들어 냈다.

사진에서 보는 것처럼 한 사람이 만든 걸 5분 모두 서로 공유를 했다. "기록하는 순간 지식이 되고, 분류하는 순간 지식화가 된다"라는 말이 있다. 그런데 더욱 가치 있게 만드는 개념이 있다.

'공유하는 순간 지식 공동체가 된다.'

다섯 사람의 지사장들은 매뉴얼을 만드는 방법을 배운 것이 아니다. 그들이 가진 강점을 잘 분류하고 정리정돈하여 서로 공유할 수 있는 시스템을 나누는 마음을 배운 것이다. 요즘 세상에 나만 가진 '필살기'를 자신의 이익만을 위해서 사용하는 사람들이 많다. 하지만 나의 이익보다 타인에게 유익을 끼치는 행위를 할 수 있을 때 진정한 리더로 거듭난다고 생각한다.

좋은 것이 있다면, 나눌 준비를 하기 바란다. 그것이 피터 드러커 교수가 이야기하는 최고의 성과인 '인재육성'이 아닐까 싶다.

삼육 서울병원

#1 〈정리력〉 프로젝트

다른 어떤 곳보다도 정리정돈이 잘되어야 하는 공간이 있다. 바로 병원이다. 병원의 정리 정돈은 결국 환자들의 안위와 빠른 회복과도 큰 상관이 있다. 우연히 알게 된 김미정 마스터를 통해 삼육 서울병원에 〈정리력〉 프로젝트는 시작되었다.

직원 규모만 해도 무려 850명이 될 정도로 대규모 병원이었다. 초보 강사인 내가 감당하기에는 상당히 큰 규모였다. 하지만 그럴 때일수록 성장할 수 있는 기회이며, '더 정성으로 하면 된다'라는 마음으로 도전했다.

당연히 주최 측의 신뢰를 얻기 위한 사전 미팅은 기본이었다. '독서 경영 기본 과정'을 통해 교육을 받은 사람들과 한 달에 한 번씩 배운 교육내용을 습관화하는 모임을 가졌다. 이름하여 '해빛나비'다. 말 그대로 습관을 뜻하는 해빛(Habit)을 뜻하기도 하면서, 인생에 있어서 가장 중요한 해와 빛이 있듯이, 우리 모임 역시 그러한 의미가 되기를 바라는 마음으로 이름 짓게 되었다.

이 모임에 무려 2년 가까이 나오고 있는 사람이 김미정 마스터다. 그녀와의 만남은 우연히 시작되었고, 2년에 걸쳐서 서로 차분히 도움을 주면서 함께 성장했다. 그러던 중 새롭게 런칭한 〈오피스 파워 정리력〉 강의를 들은 후 부원장 및 대표단에 브리핑을 하면서 어렵사리 컨설팅을 할 기회를 열어주었다. 여느 교육장의 분위기와는 사뭇 달랐던 기억이 아직도 생생하다. 보통 교육장에서 하면 나름 분위기를 잘 풀어가는 편인데, 처음 컨설팅을 시작한 공간이 조금은 어둡고 딱딱한 회의실이었다. 환경을 탓하고 싶지는 않았다. 환경을 바꾸지 못한다면 바꿀 수 있는 건 오롯이 나의 태도였다. 너무 잘하려고 하지도 말고, 그렇다고 너무 대충 하지도 말자. 그야말로 있는 그대로의 모습으로 하자는 마음이었다.

850명의 직원들을 대표하는 부서별 부서장들이 열다섯 분 정도 함께 해주셨다. 김 마스터가 중간에서 잘 설명을 했겠지만, 부하직원을 100명 정도 거느린 부서장들의 모습은 반신반의하는 모습이 역력했다. 그러나 시간이 지나면 지날수록 마음을 여는 모습이 보이기 시작했고, 진심어린 표현을 한 이후로는 정말이지 행복한 모습으로 따스한 눈빛을 보내주셨다.

#2 진심으로 소통하다

"저는 여기 계신 부서장님들에게 교육을 하러 오지 않았습니다. 부서장님들과 함께하고 있는 우리 부서원들의 성장을 위해 왔습니다. 그리고 부서장님들이 그렇게도 생각하는 〈삼육서울병원〉의 차별화된 시스템을 만들기 위해 왔고, 의료업계의 롤 모델 병원을 함께 만들고자 이렇게 왔습니다."

병원은 단순히 수익을 창출하는 공간이 아니다. 병원이야말로 사랑이 넘쳐야 하고, 직원들이 행복해야 하는 공간이다. 그렇지 못하다면 방문하는 환자들이 치유와 회복을 맛보기는 쉽지 않다. 생각했던 것보다 더 빠르게 동의해주시고 공감해주셔서 부서장들을 통한 부서별 정리 정돈 프로젝트가 시작되었다.

내가 아는 한 강사는 교육을 하고 교육비를 받지 않는다. 대신에 본인이 운영하는 곳의 제품을 교육비만큼 판매를 한다. 제품은 자신이

평일 저녁 퇴근 시간에 진행된 동기부여 특강
그렇게 역사는 시작되었다.
한 사람으로 인한 변화는
조직을 변화시키는 기회가 될 수 있다.

있기에, 한 번 제품을 맛보면 전 직원에게 그 제품이 홍보가 된다. 이때 내가 깨달았던 점은, 교육을 아무리 열심히 해도 지도층이 변화하지 않으면 제대로 변하기는 어렵다는 것이다. 그때부터 교육을 할 때 총책임자가 꼭 참석하도록 권장을 하고 있다. 확실히 부서장들과 교육을 하니 부서원들에게도 전파되는 속도가 상당히 빨라졌다.

2회 차를 진행하면서 직원 200명에게 특강을 할 기회도 생겼다. 그때도 정말 긴장되었다. 일 마치고 퇴근할 시간에 교육이라니? 나 역시 이런 상황이 달갑지 않았을 것이다. 하지만 진심으로 직원들의 행복을 위해 특강을 진행하자 생각했던 것보다 더 좋은 반응으로 마무리를 할 수 있었다.

"조직이 직원에게 해줄 수 있는 최고의 복지는 지독한 훈련이다."

예전에 교육 중 전옥표 대표의 《이기는 습관》 책 속에서 접한 표현이다. 처음에 와 닿지 않았지만, 교육을 진행하는 강사가 되면서부터 그 의미를 십분 이해하게 되었다. 결국 교육의 본질은 직원들이나 교육생들을 괴롭히는 게 아니라, 직원들의 능력을 향상시키는 것이고, 그로 인해 일이 좀 더 잘 되고 결국 행복해지는 길로 인도하는 것이다. 여기서 중요한 포인트는 보여주지 않는 리더십이나 교육은 의미가 없다는 것이다.

《탤런트 코드》에 마스터 코치의 역할이 있다. '알.보.시.고'다. 알려주고, 보여주고, 시켜주고, 고쳐줘야 한다는 것이다. 하지만 대한민국의 많은 코치들에게는 보(보여주고), 고(고쳐주고)는 빠져 있고,

알(알려주고), 시(시켜주는)에만 너무 집중되어 있다. 그런데 삼육서울병원의 경우에는 부서장들부터 제대로 변화한 후 진행이 되었기에 멋진 변화가 진행되고 있다.

3회 차를 마무리 한 시점에 김 마스터를 다시 만났다. 현재는 부서에 ' 나비독서모임'을 포함하여 많은 부서장들로부터 시작되는 변화가 진행 중이라는 소식에 다시 한 번 커다란 사명감을 느꼈다.

<정리력>
팁

비움을 통해 업무에 집중하는 정리

"일 못하는 사람이 바쁘면 말려야 한다."

언젠가 강규형 대표의 강의에서 들었을 때 피식 웃음이 났다. 크게 반박할 수 없었다. 나 역시 그런 사람이었던 시절이 있었다. 지금도 완벽하게 변했다고는 말할 수 없다. '정리'라는 개념을 제대로 알고 그것에 대해 고민하고 공부하면서 점점 나아지고 있다. 흔히 정리라고 하면 무엇인가를 단순히 버리는 것이라고 생각한다. 나는 이렇게 정의를 하고 싶다.

#1 정리의 정의

'정리란, 설레고 소중한 것을 남겨 그것에 집중하는 것.'

결국 정리의 목적은 단순히 버리거나 비우는 게 아니라, 그로 인해서 핵심, 본질, 중요한 것을 가려내는 것, 그리고 그것에 집중하는 것이다.

정리는 크게 3가지 유형이 있다. 정리를 버리기에만 국한하는 경우에는 정리를 잘하지 못한다. 하지만 정리를 '버리기, 줄이기, 나누기'라는 큰 개념으로 생각하면 좀 더 실행이 편해진다. 여기서 최고의 개념은 '나누기'라고 생각한다. '나누기'라고 생각하면 뭔가 주는 것이라는 이미지가 크다. 하지만 다르게 규정하고 싶다.

'나누기란, 내가 가진 것을 누군가에게 주는 것이라기보다, 나보다더 잘 맞는 사람, 그것이 더 필요한 사람을 찾아주는 것이다.'

이렇게 규정을 지으면 물건에 대한 소유욕을 줄일 수 있고, 정리를함에 있어서도 훨씬 기분 좋게 실행이 가능해진다.

그렇다면 우리는 무엇을 버려야 할까?

기록, 지식이라는 서류, 개인이나 공용 물품, 동산, 부동산, 보험 등의 돈과 관련된 것, 사람이라는 인적 자산, 옷가지 등등 이 모든 것들이 정리가 필요한 내 삶의 자산이다. 이 자산을 정리하는 프로세스를전해주고자 한다.

우선은 꺼내 펼쳐라. 이게 가장 우선되어야 한다. 무엇이든 보이는상태를 만들어 놓고 시작하기 바란다. 예를 들어, 옷장에 있는 여러 개의 옷들을 하나씩 빼서 정리한다면 10시간이 지나도 한두 벌도 정리하기 쉽지 않다. 그런 경우, 바닥에 좍 펼쳐놓고 큰 비닐봉지 하나를 가지고 불필요하거나 소중함이 덜한 옷은 비닐봉지에 담으면서 정리해보라. 생각보다 강력한 방법이다.

더 강력하게 하고 싶다면 환경을 바꾸어 보라. 예전에 이사를 해야 했기에 이삿짐을 정리하면서 집안에 있던 가구를 건물 밖에다 갖다 놓은 적이 있다. 그랬더니 집안에 있을 때에는 괜찮았던 것이 너무 초라해 보였다. 그 물건은 이미 그 환경에 익숙해진 것이었기 때문이다.

다시 말하면, 가끔 환경을 바꿀 필요가 있다는 것이다. 이것을 〈환경 설계〉라고 말하고 싶다. 환경을 바꿈으로써 우리의 의식을 전환할 수 있다는 의미이다. 물건을 잘 정리하지 못하는 사람이라면 꼭 한 번 해보길 강력히 추천한다. 꺼내서 펼친 후 정리를 할 준비를 하고 아래 기준으로 나누어 보길 바란다.

#2 보관, 보존, 보류, 폐기

이성적인 기준은 '3보 1폐'라는 방법이다. '3보 1폐'란 보관, 보존, 보류, 폐기를 말한다. 지금 당장 사용하거나 중요한 물건은 '보관'하고, 지금 당장 사용하진 않지만, 나중에 필요한 것들은 잘 '보존'하라. 이런 구분이 쉽지 않은 경우엔 '보류(임시보관)'하면 된다. 이때 그 물건에 '데드라인(Dead Line)'을 정해주는 게 중요하다. 그 기간이 지났음에도 활용도가 떨어지는 물품은 '폐기'하면 된다. 이때 먼

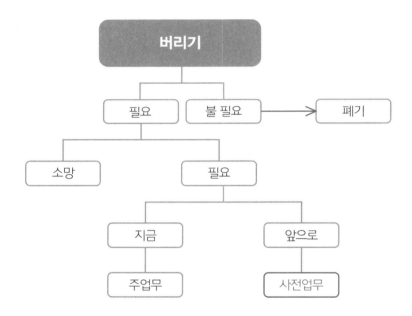

버리기를 통한 사전업무 찾기

저 '폐기'하는 것이 중요하다.

《실리콘밸리의 폐기경영》 표지에 나오는 개념 중 '혁신'에 대한 내용이 있다.

"혁신의 출발은 폐기에서."

다른 곳도 아닌 실리콘밸리에서 폐기에 관한 언급을 한다는 것 자체가 짜릿했다. 책 속에는 폐기를 통해 성과를 낸 세계적 기업들과 폐기를 제대로 하지 못해 사라진 기업들의 사례가 자세히 수록되어 있다. 폐기에서 시작해 버리기가 성과로 어떻게 연결되는지 도식화해 보면 그림과 같다.

우선, 버리기를 실행할 때는 필요와 불필요를 구분한다. 불필요한 것을 폐기하는 것에서 시작한다. 그런 후 나의 욕구나 욕망과 관련된 '소망'에 관한 것인지, 진짜 필요하고 활용하고 있는 '필요'인지를 잘 구분해야 한다. 보통, 소망에 관한 물품이 80%, 필요에 관한 물품이 20%라는 조사가 있다. 그만큼 진짜 필요하다고 생각은 하지만 업무나 삶에 있어서 진정으로 중요한 물품이 아닌 경우가 많다는 방증이다. 여기서 한 단계 더 나아가야 한다. 정말 성과를 내는 버리기는 다음 단계까지 갔을 때 가능하다.

그것은 바로 지금 당장 필요한 것인지, 앞으로 더욱 필요한 것인지를 잘 구분해야 하는 것이다. 교육을 진행하다 보면 많은 사람들이 이 부분을 헷갈려 한다. 우선 사전 업무를 하는 사람들이 의외로 적다. 지금 하는 일은 열심히 하지만, 앞으로 닥칠 급하진 않지만 중요한 일에는 신경을 쓰지 않는다. 그러다 나중에 시간이 다가오면 어쩔 수 없이 벼락치기의 관행에 빠지게 되는 것이다.

분명히 독서나 운동, 영어회화 등의 준비는 급하진 않다. 하지만 너무나 중요하다. 성과를 내는 사람들, 현명한 사람들은 지금부터 조금씩 진행해 간다. 그렇게 시간이 다가오면 급한 일이 줄어든다. 반대로, 열심히 하는 사람들은 지금 하는 일에 치여서 앞으로 중요해질 업무에는 엄두를 내지 못한다. 갈수록 급한 일이 많아진다. 이 개념에서 내가 가장 중요하게 생각하는 개념을 알려드리고 싶다. 성과를 내고 싶다면 이 문장을 한번 제대로 심사숙고해 보길 바란다.

'사전 업무의 주 업무화.'

#3 사전 업무의 주 업무화

지금 하고 있는 강의 중 〈오피스 파워 정리력〉이 있다. 2017년 4월 1일 강의가 시작되었다. 주 업무가 생긴 것이다. 2016년 1월부터 강의가 시작되기 전까지는 주 업무가 아닌 사전 업무였다. 이렇게 사전 업무를 주 업무로 만들어 내는 과정을 통해 성과를 만들어 내게 되었다. 이 개념을 이해하고부터 지금 하는 일에 항상 의문을 던지게 되었다.

《일 버리기 연습》에서 버리기에 대해 좀 더 본질적인 부분을 깨닫게 되었다. '버리기'란 성과를 잘 내는 사람들이 보이는 행동 패턴이며, 용기 있고 고차원적 판단이 필요한 행동이라는 것. 여기서 본질적인 문제는 버리지 못하는 행동이 아니라, 버리지 못함으로 인해 본래 집중해야 할 일에 집중하지 못하는 것이다.

정리를 단순히 버리는 것이라고 생각한다면 지금부터 생각의 관점을 바꾸길 바란다. 정리는 그리 쉽고 가치 없는 개념이 아니다. 우리 인생에서 어떻게 보면 가장 중요하고 본질적인 개념이다. 《에센셜리즘》이라는 책의 뒷 표지만으로도 정리에 대한 생각을 크게 바꿀 수 있다.

내용인즉, 'Less and Better! 더 적은 것을 더 좋게!'

많은 것 중에 불필요하고 덜 중요한 것을 잘 버려 보라. 그러다 보면 핵심이 보이고, 중요한 본질이 남을 것이다. 그것에 집중하라. 현재의 주 업무에서 벗어나 사전 업무를 찾아내고 그 사전 업무에 집중을 해보라. 결국 이런 개념이 나온다.

'가짜 업무를 버리고, 소망 업무를 줄이고, 핵심 업무를 찾아라. 그리고 사전 업무에 집중하라!'

분류를 통해 업무를 보이게 하는 정돈

#1 정위치의 중요성

〈정리력〉에서 정리를 통해 불필요한 것을 버리고 소중한 것, 핵심을 남겼다면 그것을 제대로 정돈해야 한다.

정돈이란, 3정(定)을 활용하여 '필요한 것'을 찾기 쉽게 제자리에 놓아 언제나 사용할 수 있도록 보관하는 것이다. 이때 3정이란 정(正)위치, 정(正)품, 정(正)량을 뜻한다. 서류를 정리 정돈할 때 알면 활용하기 좋다. 정위치란 서류의 보관 장소를 지정하는 것이고, 정품이란 보관한 서류의 이름을 지정하는 것이며, 정량이란 그 서류에 적정량을 보관하도록 지정하는 것을 뜻한다.

여기서 무엇보다 중요한 개념이 바로 정 위치다. 좀 더 자세하게 표현하면 이렇다.

'물건이나 사물이 가지고 있는 고유의 주소를 정해 놓는 것'

사람은 누구나 집에 산다. 집에는 주소가 있다. 그래서 집이 있는 사람은 집에 찾아갈 수 있다. 우리가 가진 사물은 어떤가? 사물에 주소가 제대로 주어져 있는가? 대략적으로는 그렇지만, 자세히 들여다보면 그렇지 않다.

예를 들어, 의자의 주소는 사람이 앉는 자리이다. 하지만 그 주소를 제대로 모르는 사람들은 그 의자에 옷을 걸어 놓는다. 만약 의자의 주소를 제대로 알고 이해한다면 그럴 일이 없을 것이다. 이처럼 물건에 주소를 제대로 잡아주는 정 위치가 제대로 정리된다면 지저분한 상태에서 벗어날 수 있다.

《아침 청소 30분》이라는 책에 보면 정 위치의 본질을 제대로 꿰뚫고 있는 '고야마 노보루'의 회사 적용 사례가 나온다. 참고로 〈무사시노〉라고 하는 회사는 신규 직원들이 대부분 폭주족 출신이다. 그런 폭주족 출신들이 나름 성과를 내고 업무를 제대로 하는 사람으로 변하는 데는 아침 청소 30분의 힘이 컸다. 청소를 통해 살면서 한 번도 맛보지 못했던 해냈다는 자신감과 청소 후에 깔끔한 상태를 통해 행복한 환경을 경험하게 된다. 뿐만 아니다. 사람들이 가장 많이 스트레스를 받는 물건들의 정 위치를 고야마 노보루는 이미지를 사용함으로써 해결한다.

물건이 놓일 곳의 이미지가 있으면 5살 꼬마도 정위치에 물건을 놓을 수 있다. 심지어 조회를 하는 자리에도 표시를 해두면 앞뒤 오와 열을 맞추기 위해 시간과 노력을 낭비하지 않아도 된다. 이것이 정위치의 힘이고, 보이게 일하기이다.

#2 보이게 일하라

김성호 대표의 《보이게 일하라》에서 보이게 일하기의 목적은 이렇다.

'보이게 일할 수 있도록 제도와 시스템을 선진화시키는 것이며, 조직 내 모든 업무 내용은 누구나 쉽게 제대로 볼 수 있게 해야 한다.'

일을 하다 보면 혼자서만 일을 하는 사람들이 있다. 어떤 자료나 좋은 정보가 있으면 나누려 하기보다는 더 깊숙한 곳에 보관한다. 흔히 기술자와 전문가를 구분하는데 있어서 보이게 일하기가 기준이 된다. 기술자는 '암묵지'를 가지고 있다. 자신의 머릿속에 지식을 가득 가지고 있다. 이기적인 지식일 확률이 높다. 하지만 전문가는 이론을 겸비한 '형식지'를 가지고 있다. 가지고 있는 지식을 보이게 만들어 매뉴얼을 가지고 있다. 그리고 그것을 공유하여 더 많은 사람들이 보편적으로 활용하도록 돕는다.

《최고들의 일머리 법칙》를 통해 깨달은 바가 있다. 일류와 이류로 비교해서 이야기를 하고 있다. 일류는 자신뿐 아니라 모든 사람을 위해 쉽게 정리하여 팀 전체 생산성을 올린다. 반면, 이류는 나만 사용하기 쉽고, 자신만의 업무 장벽을 친다는 것이다.

나 역시 좋은 자료와 정보를 꽁꽁 감싸던 사람이었다. 지금은 그런 것들을 나누려고 노력한다. '나눌수록 배가 된다'라는 황금률도 있지 않은가.

#3 공유산

김무귀 작가는 좀 더 큰 차원에서 우리에게 말한다. 그는 회사에 유산을 남기라고 말한다. '유산'이란 그 사람이 조직을 떠나도 남는 조직적 재산을 일컫는다. 이류가 어떠한 유산도 남기지 않는데 반해 일류는 자신이 있거나 없거나 상관없이 조직이 돌아갈 수 있도록 조직의 구성원들과 모든 유산을 공유한다

여기서 나는 새로운 개념을 하나 정리해보았다.

'공유산!'

유산을 공유하기 위해서 나만의 업무 매뉴얼을 누구나 활용 가능하도록 정돈하는 것이다. 그런 보이게 일하는 정돈 시스템을 만들기 위해 두 가지가 필요하다. 그것은 바로 '대·중·소 분류를 통한 세네카

와 목차 인덱스'이다.

앞서 말한 것과 달리 정돈에 대해 다른 정의를 내리고 싶다.

#4 3C분류법을 통한 정돈

교육에서 설명하는 정돈이란 '3C 분류법'으로 확실하게 분류하는 것이다. 여기서 '3C 분류법'이란 3단계로 분류하는 법을 말한다.

대분류라고 부르는 첫 번째 분류는 'Color(색깔)'를 통한 분류이다. 5가지 색깔로 분홍, 주황, 녹색, 하늘색, 보라색이다. 업무 중에서도 중요하고 성과에 직접 관련된 업무는 분홍색, 그런 업무를 보조하는 업무는 주황색, 개인적인 신앙, 취미, 여행, 가족에 관한 것은 녹색, 독서나 교육 등의 자기계발은 하늘색, 그리고 네트워크 미팅 등의 인맥에 대한 자료는 보라색이다. 더 자세한 이야기는 강규형 대표의 《성과를 지배하는 바인더의 힘》을 참고하길 바란다.

두 번째 분류는 중분류로 'Core keyword(핵심 키워드)'를 통한 분류이다. 이 부분이 사실 제일 어렵고 중요하다.

예를 들면, 나는 강의를 하는 강사이다. 그래서 분홍색인 직접 성과에 대한 주 업무를 중분류로 분류하면 강의, 기업 독서경영, 바인더 코칭, 프로젝트, 정리력 컨설팅 등의 내용이 있다. 한 마디로 업무를 바로 소분류로 쪼개기 전에 좀 더 큰 덩어리의 분류를 한 번 거침으로써 좀 더 효율적인 분류가 가능하다. 강의라는 중분류 하나에 포함되는 소분류는 무궁무진하다. 나이에 따른 초등학생, 중학생, 대학생,

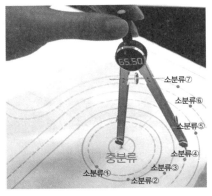

소분류⑦
소분류⑥
소분류⑤
소분류④
소분류③
소분류②
소분류①
중분류

중심점을 제대로 찍는다면,
당신이 하고 있는 일이 그려질 것이다.
중심점이 없다면,
지금 그리고 있는 게
무엇인지도 모를 것이다.

일반인 강의로 분류할 수 있고, 강의 종류에 따라 독서법, 정리력, 바인더 사용, 특강 등으로 나눌 수도 있다. 중분류를 이야기할 때 가장 도움 되는 이미지는 수학시간에 활용했던 컴퍼스이다.

컴퍼스에 꼭지점이 중분류라면, 돌아가면서 그려지는 부분이 소분류이다. 중분류 하나를 가지고 크기를 다르게 해서 많은 소분류가 나올 수 있는 개념이다. 중분류가 없다면 소분류들의 연관성을 찾기가 어렵지만 중분류가 있기에 내 업무를 좀 더 체계적으로 분류할 수 있다.

마지막 세 번째 분류가 소분류로 'Contents'(콘텐츠:제목)로 분류하는 것이다. 〈그림 1〉과 같이 대·중·소분류로 정리하는 것이다. 오른쪽 완성된 사진을 보면 대분류가 '자기계발'이고 중분류는 교육 이름인 '독서리더'이며, 소분류를 통해 '독서리더 과정'이라는 중분류가 정리가 된다. 이렇게 '3C 분류법'을 통해 대·중·소 분류를 하는 것은

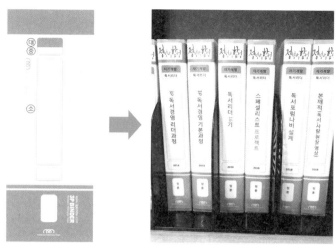

〈그림 1〉 일 잘하는 수학학원 원장이 대중소 세네카를 만나서
사람을 키우는 CEO로 발돋움한다.
당신과 함께하는 사람은 사원입니까?
미래의 2호점, 3호점 대표입니까?

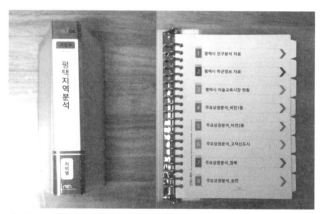

〈그림 2〉 텅빈 자료를 만들고 일을 시작하라.
일을 잘하는 사람은 일을 시작하기 전에 일이 끝난 시점을 제대로 그린다.
결과가 보이는 상태에서 일을 하도록 돕는
세네카와 목차 인덱스로 일터를 놀일터로 바꾸어 간다.

음식점으로 비유하면 간판을 만드는 것이다. 간판을 보고 들어온 손님들에게 내어주는 매뉴판이 바로 지금 설명하는 '목차 인덱스'이다.

〈그림 2〉 왼쪽은 대·중·소 분류로 정리된 세네카이고 오른쪽은 그 안의 내용을 한눈에 볼 수 있는 '목차 인덱스'이다.

일을 시작하려면 서류가 생긴다. 이때 '목차 인덱스'를 잘 활용하면 흩어지지 않게 분류가 된다. 무엇보다 강력한 건, '목차 인덱스' 한 장으로 소통하는 힘이 더욱 증가한다는 것이다. 실례로 교육에서 수강생들은 첫 장에 있는 '목차 인덱스'를 가이드 삼아 쉽게 이해를 한다. '목차 인덱스'를 활용하면 이런 장점이 있다.

새롭게 정리를 하려고 할 때도 제일 앞장에 한 장의 종이(목차 인덱스)만 갈아 끼우면 된다. 교재나 제대로 된 서류를 정리할 시 한 번 정리한 이후 매뉴얼처럼 사용할 수 있다. 칼라를 활용하면 책의 표지처럼 깔끔하게 정리가 된다. 그리고 무엇보다 중요한 건 내 업무에 대해서 주도성을 더욱 확보할 수 있다.

업무를 볼 때 멍하게 일하지 않는다. 항상 일이 주어지면 '목차 인덱스'를 한 장 끼운다. 그리고 번호에 맞는 키워드를 고민한다. 그러다 보면 자연스레 업무에 핵심을 생각하게 되고, 몇 번 수정을 거치면서 업무의 진행 순서와 프로세스가 생각난다. 이렇게 과정에 집중할 수 있도록 도와주고, 과정을 제대로 밟도록 도와주는 '목차 인덱스'를 통해 업무의 제대로 된 생산자로 거듭나길 바란다.

잊지 마라. 우리가 정돈하는 이유는 나만 아는 게 아니라, 누구나 알 수 있고 활용할 수 있도록 공유하는 것이라는 것을.

채움을 통해 업무의 시스템을 만드는 매뉴얼

#1 버전업 매뉴얼

맥도날드, 던킨 도너츠, 스타벅스, 베스킨 라빈스, 도요타.

위의 기업들의 공통점이 무엇일까?

바로, 단일 품목으로 전 세계를 장악하고 있는 공룡 기업들이라는 것이다. 맥도날드는 햄버거, 던킨 도너츠는 도너츠, 스타벅스는 커피, 베스킨라빈스는 아이스크림, 도요타는 자동차라는 품목을 가지고 있다. 이렇게 전 세계를 장악할 수 있는 이유 중 하나가 바로 '매뉴얼'을 가지고 있다는 것이다. 흔히 매뉴얼을 버전 0.1에서 5.0으로 구분한다.

《작은 가게 성공 매뉴얼》의 저자 조성민 대표의 책에는 버전업 매뉴얼에 대한 개념이 나온다. 0.1버전은 시작 단계의 초기 버전, 테스트 버전이라면 위의 글로벌 기업이 가진 매뉴얼을 5.0이라고 구분할수 있다. 매뉴얼은 누구나 필요하다고 생각한다. 하지만 아무나 가지고 있지는 않다. 이유가 뭘까?

그것은 바로 시작부터 2.0에서 3.0버전의 매뉴얼을 만들려고 하기 때문이다.

생각해보자. 일을 할 때 우리는 컴퓨터를 바로 켜고 시작하는가? 손으로 끄적이면서 노트를 필기하면서 시작하는가? 참고로 이런 개념을 알기 전에는 처음부터 엑셀이나 파워 포인트를 켜고 일을 시작했다.

파워 포인트에서 단순한 '원' 하나를 그리는 것도 꽤 힘이 든다. 거기에 위치나 크기, 색깔까지 조절하려면 더 많은 시간이 걸린다. 하지만 손으로 하면 일은 달라진다. 신기하게도 손으로 하는 것이 훨씬 더 오래 걸릴 것 같지만 실상은 다르다.

0.1버전으로 무언가를 한다는 것은 생각의 물꼬를 트고, 그 생각이 끊이지 않도록 할 수 있다는 것이다. 생각을 편히 표현할 수 있기에 더 많은 생각을 하게 되고, 자연스럽게 색다른 생각도 할 수 있게 된다. 그런 다음 버전을 업(Up)하는 것이다. 손으로 끄적인 자료를 바탕으로 컴퓨터를 활용해 작업을 하면 엄청나게 속도가 빨라진다.

아카바 유지의 《1등의 속도》에 저자가 말하는 일을 잘하는 방식이 있다. 그는 일을 할 때 우선 50장 정도의 A4용지에 각 장별로 핵심 주제어와 키워드를 그린다. 그렇게 50장 정도의 밑그림을 먼저 완성한다. 일을 끝마친 모습을 먼저 그린 후 그것을 바탕으로 살을 붙이고 뼈를 붙인다. 완성으로부터 일의 단계를 정리하는 프로세스를 통해 다른 사람들보다 3배 이상 빠른 일처리를 해낸다. 그러나 이렇게 버전업을 통해서 매뉴얼을 만들 때에는 전제가 있다.

'매뉴얼을 만드는 데 있어서 가장 피해야 할 것은 처음부터 완벽한

나만의 매뉴얼을 만든다는 생각이다.'

그렇다. 0.1버전부터 해서 작게 시작해야 한다. 그런 후 출력한 매뉴얼을 보고 수정을 하고 보완을 한다. 그렇게 0.1에서 0.2, 0.3을 거쳐서 1.0이 완성된다. 이 1.0은 출력을 하면 더 좋다. 디지털을 통해서 자료를 수정하기보다는 미완성된 상태에서 출력을 한 후 그것을 보면서 수정을 하는 게 훨씬 더 효율적이다.

조성민 대표의 책에서는 0.1버전, 1.0버전 그리고 5.0버전이 있다. 그래서 나는 2.0과 3.0을 한번 정리를 해보았다.

0.1버전은 일단 시작하는 게 핵심이다. 그래서 손으로 편히 한번 그려 보는 것이다. 일명 '프로토 타입'이라고 표현한다. 그것을 바탕으로 출력을 해서 손으로 쓴 내용을 바탕으로 한번 완성을 해본다. 출력을 나타내는 1.0버전 '프린팅 타입'이다. 1.0버전을 바탕으로 이미지를 추가하면서 나만의 느낌으로 편집을 해본다. 편집을 뜻하는 2.0버전 '에디팅 타입'이다. 다시 편집된 자료를 바탕으로 정리를 해서 공유할 수 있는 완성에 가까운 버전. 완성을 의미하는 3.0버전 '컴플릿 타입'이라 부른다.

실제로 이 버전업을 통해서 강의안을 만들거나, 자료를 정리하고, 문서를 처리하는데 탁월한 효과를 보고 있다. 매뉴얼을 버전업으로 만들어 전 세계를 장악하고 있는 도요타. 도요타의 1대 회장 도요타 사키치부터 2대 도요타 기이치로 3대 도요타 쇼이치로를 이어 현재

버전업 매뉴얼

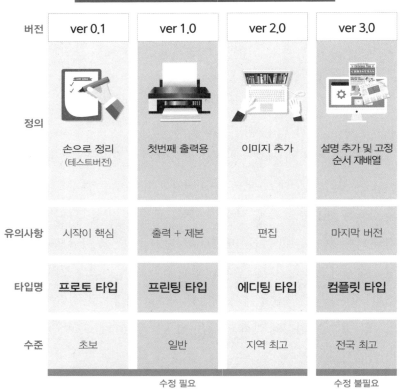

버전	ver 0.1	ver 1.0	ver 2.0	ver 3.0
정의	손으로 정리 (테스트버전)	첫번째 출력용	이미지 추가	설명 추가 및 고정 순서 재배열
유의사항	시작이 핵심	출력 + 제본	편집	마지막 버전
타입명	**프로토 타입**	**프린팅 타입**	**에디팅 타입**	**컴플릿 타입**
수준	초보	일반	지역 최고	전국 최고

수정 필요   수정 불필요

제대로 일을 하려면 0.1에서 시작하라.
시작하기도 전에 2.0을 생각한다면
실행할 이유보다는 하지 못할 이유가
산더미처럼 늘어갈 것이다.

까지 계승되고 있다. 도요타의 이런 DNA는 뭘까?

그건 바로 문서화된 절차이다. 문서화된 절차는 기능이 여러 가지가 있다.

첫째, 계승과 같은 방침의 연속성을 지닌다.

둘째, 공식 규칙 체계의 바람직한 보존 방법이다.

셋째, 도요타만이 가지고 있는 경영사상의 연속성을
종업원에게 강조하는 구조이다.

출처 : 도요타 무한성장의 비밀

이런 문서화된 절차는 진화할 수 있는 유전자로서 존재한다. 진화란 무엇이냐? 그것이 바로 버전업의 개념과 일맥상통하는 것이다.

#2 매뉴얼을 만드는 절차

지금 내가 하고 있는 일에 매뉴얼이 없는 이유는 무엇일까?

여러 가지 이유가 있겠지만, 우리는 매뉴얼을 문서화하는 것에 익숙하지 않다. 일은 잘한다. 대한민국 사람은 외국에 가서도 일은 정말 잘한다. 중요한 건 그 일을 다른 사람이 하는 데에는 한계가 있다는 것이다.

대부분의 매뉴얼이 문서가 아닌 말로써 전해진다. 말은 공중에 떠다니게 된다. 말하는 사람의 표현이 받아들이는 사람에게 그대로 받아들여지기는 쉽지 않다. 그리고 말로 전달된 내용은 축적되지 않는다. 축적이 없으니 공유되기도 어렵다. 대한민국에 그 맛있는 음식들, 그 화려했던 조상들의 유물들이 지금은 복구 불가능한 것 역시 이런 문서화된 매뉴얼의 부재 때문은 아닐까?

여기서 매뉴얼을 한번 다시 정의해보고 싶다.

매뉴얼이란 보이지 않는 암묵지를 보이는 형식지로 만드는 것이다. 오너가 가진 스피릿과 스킬을 함께하는 동료들이 볼 수 있도록 글과 이미지로 정리하는 것이다.

정돈을 이야기할 때 대·중·소 세네카와 목차 인덱스를 설명했다. 그렇게 제대로 간판과 매뉴판을 만들었다면 이제는 그것을 채우면 되는 것이다. 그것을 채우는 방법은 버전업을 통해 해보면 된다.

매뉴얼을 만드는 절차를 한번 말하고 싶다.

우선 과거의 역사와 기록을 정리해보길 바란다. 나는 이것을 '엮다'라는 뜻의 영어 Bind의 과거형인 'Bound'라 칭하고 싶다. 그런 다음 현재의 업무와 삶을 정리해보길 바란다. 즉, 현재형인 'Bind(ing)'이다. 그렇게 과거와 현재의 자신의 삶과 업무를 통해서 나의 강점을 찾아보길 바란다. 그 강점을 바탕으로 자신이 앞으로 해 나갈 업무의 영역을 지금부터 천천히 시작하길 바란다. 'Will Bind'라 말하고 싶다.

과거와 현재의 업무를 정리하는 것이 '필요 주 업무'라면, 미래에 다가올 중요한 업무를 지금부터 시작하는 것은 '필요 사전 업무'로 이를 해 나가는 것이다. 다시 한번 전체를 정리하고 싶다.

－정리를 통해 불필요한 것을 버리고 핵심 업무를 찾아 집중하라.
－정리된 업무를 누구나 공유할 수 있게 보이도록 만들어라.
－그 정리정돈된 시스템을 꾸준히 축적해 나가라.
－그렇게 쌓인 데이터를 통해 내가 가진 강점을 잘 파악해서 앞으로 새롭게 가져갈 업무를 미리 앞당겨 시작하라.

'버리고 분류하고 채우는 강력한 정리력.' 진짜 인생은 '정리 후'에 시작된다. 그러니 지금 당장 정리력을 시작해보길 강력히 권한다.

떠남을 통한 비즈니스 기회를 찾는 비즈니스 트립

'별들이 쏘곤대는 홍콩의 밤거리~.'
홍콩하면 떠오르는 노래 가사다. 2009년 호주 유학길에 홍콩에서 3박 4일 머물렀던 적이 있다. 그때는 다른 사람들이 이야기하는 '침사추이, 몽콕' 등의 안전한 관광지에만 갔던 기억이 있다.

#1 스승님을 통해 여행의 관점을 바꾸다
우연히 만난 스승님이 있다.

《연간 사업계획 수립 & 그 후 실행관리》,《창업 네비게이션 노트》의 저자이자 브랜드를 50여 개 런칭을 하고 '로이드'라는 시계 브랜드의 엄청난 성장을 이끌어 낸 장본인 경진건 대표님이다.

대표님의 교육을 들으면서 배우고 싶은 점이 여러 가지가 있었다. 그중에서도 정말 치열하게 본질을 파고든다는 점과 무엇보다 사람의 감이나 의견이 아닌 논리적인 프로세스와 철저한 가설과 검증을 통해 업무를 처리해내는 모습이 감명 깊었다.

무엇보다 '로이드'라는 시계 브랜드를 런칭하면서 시장조사를 하는 모습과 과정은 가장 큰 깨달음을 준 부분이었다. 대한민국이라는 시장에서만 고민한 게 아니라, 홍콩이라는 국가에서 다른 사람이 생각하기 힘든 생각을 해냈다. 그로 인해 나온 게 중저가의 고급 시계 브랜드인 '로이드'의 탄생이다.

홍콩에 있는 명품점과 시계 판매점을 거의 다 방문한 점, 대한민국에서는 구할 수 없는 부품과 재료를 구해서 가성비 좋은 시계를 만들어 낸 점. 시계가 저렴하고 좋아도 한국에서 A/S가 안 되면 고객이 불편한 점을 해결하기 위해, 홍콩에서 저렴한 비용의 재료를 가져와 성능 좋은 시계를 만들어 낸 점. 이런 과정을 단순히 홍콩에 한두 번 방문한 게 아니라, 무려 60번 이상 방문한 점 등. 듣기만 해도 정말 놀랍고 본받고 싶은 생각이 들었다.

더불어 그가 한 말로 인해 나의 고정관념이 완전히 뒤바꼈다.

"홍콩은 비행기를 타고 가면 3시간이 걸린다. 부산은 자동차를 타면 5시간이 걸린다. 홍콩에 가는 걸 외국에 가는 거라 생각하지 않는다. 이런 인식과 고정관념의 전환이 새로운 기회와 시장을 가지게 된다."

#2 홍콩 비즈니스 여행

그로부터 6개월 후, 생각만 했던 '홍콩 비즈니스 여행'을 가게 되었다. 강규형 대표와 류경희 이사의 전폭적인 지원으로 4박 5일의 일정으로 가게 되었다. 2018년 6월 6일부터 10일까지 난생 처음으로 여행이 아닌 관점으로 다른 나라를 가게 되었다.

4박 5일의 콘셉트는 명확했다.

첫째 날 여행을 하면서 자신이 반응하는 점을 찾는다. 사진을 여러 장 찍어 보고 그것을 발표하다 보면 스스로 모르고 있었던 부분들을 알아가게 된다. 둘째 날에는 자신의 열정점을 찾는다. 반응했던 것에 대해 더욱 집중을 하고 어떤 장소나 사물에 열정적인 마음으로 관찰하고 생각을 하는 시간을 갖는다. 셋째 날에는 그것을 쪼개기를 해 본다. 단순히 열정만 확인하는 것이 아니라, 좀 더 실용적인 부분으로 넘어가기 위해서 그 열정점을 쪼개 보는 것이다. 마지막 날은 그렇게 쪼갠 열정점과 관련해 사업적인 부분의 적용점을 찾는 것이다.

반응점에서 열정점, 그것을 쪼갠 후 적용할 점을 찾는 '홍콩 비즈니스 여행'. 참 멋진 콘셉트이다.

기존에 해왔던 여행과 가장 큰 차이점은 의지하는 여행이 아닌 스스로 해나가는 여행이라는 점이었다. 그러면서 자연스럽게 나를 만나는 시간을 갖게 되고, 나를 들여다보는 시간을 가질 수 있다. 무려 33명의 인원들과 함께 출발을 했다. 회사 CEO 및 중역, 어린이집 원장, 프리랜서 강사 등 여러 직종의 사람들과 함께 떠났다.

#3 전과 다른 홍콩

분명 전에 와봤던 홍콩인데 기억에 나는 게 거의 없었다. 이번에는 다른 과정으로 준비했다. 여행을 가서 무언가를 하는 것도 중요하지만, 그것보다 더 중요한 게 바로 사전 준비의 과정이다. 스스로가 목적과 목표를 잡고 어떤 곳을 언제 가볼 건지, 무엇을 먹고, 무엇을 구매할 것인지 등을 최대한 스스로 정해보았다.

그러면서 깨달은 점이 2가지가 있다. 그것은 바로 '호기심'과 '목적의식'이었다. 여행을 가기 전부터 벌써 엄청난 것들을 얻은 느낌이었다. 책도 그렇고 교육도 그렇듯이, 여행에서도 사전 준비를 통해 호기심이 생기니 더 조사하게 되고, 더 공부하게 되었다. 그리고 가서 새로운 비즈니스 기회를 보자는 것과 이번 여행을 잘 정리해서 '여행 본깨적'이라는 하나의 새로운 상품을 런칭하기 위한 초기 버전을 만들어보자는 목적의식을 가지니 준비를 하는 내내 너무 신나고 재미있었다.

여행을 다녀왔는데, 비즈니스가 성장할 수 있다면,
여행 가지 못할 이유가 없다.
여행이야말로 살아 있는 공부요, 최고의 현장 공부다.
단지 눈으로만 보고 잊어버리지 않는다면...

#4 Before & After 여행

경진건 대표의 〈마케팅 프로세스〉를 배우는 과정에서 상품에 대한 개념이 깨진 게 있다. 많은 곳에서 상품을 팔기 위해서 고객이 '방문한 순간'에만 집중한다. 하지만 제대로 상품을 판매하기 위해서는 고객을 대면하기 '전'과 대면한 '후'에도 신경을 써야 한다는 점이다. 여행도 그렇다.

여행을 아무리 열심히 한다고 해도 여행 '전'과 여행 '후'에 과정이 없다면 아무리 좋은 여행도 새로운 비즈니스를 찾고 만드는 데는 한계가 있다. 물론, 여행 자체의 목적을 쉼과 휴식으로 가진다면 이렇게까지 할 필요가 없지만, 여행을 통해 새로운 견문을 쌓고 새로운 기회를 만들고 한다는 관점에서는 중요하다.

그래서 여행을 가기 전에 4권의 바인더를 만들어 보았다.

나라는 사람은 기록을 좋아하고, 기록을 통해 누군가에게 영감을 주는 것을 너무나 좋아하고, 과정에 대해 관심이 많으며, 무슨 일을 하든, 무엇을 보든 의미 있는 것에 관심이 많다는 것을 깨닫게 되었다. 그리고 다녀온 즉시 정리한 '여행 본깨적'의 모습은 앞의 사진과 같다.

더 이상 '나 이런 곳에 갔었지.' 하고 여행이 그냥 기억 속에만 있다가 사라지게 하지 말길 바란다. '떠남'을 통해 새로운 비즈니스 기회를 찾아내길 적극 추천한다.

<제 4 장>

3P바인더

'적용'될 수밖에 없는 도구

바인더의 아버지
강규형 대표의
4가지 지침

"눈 덮인 들판을 걸을 때 함부로 어지러이 걷지 마라.
오늘 내가 남긴 발자취는 뒷사람의 이정표가 되리니."

– 서산대사

서산대사의 이 짧은 글은 교육을 진행하는 강사로서 정말이지 중요한 길잡이가 되어준다. 함부로 걷지 않을 수 있는 건 누군가 나의 뒤를 따라오고 있다는 것을 인식하고 있기 때문이다. 그리고 누군가의 길을 잘 따라간다는 건 먼저 걸어간 이의 선명한 발자국을 믿고 갈 수 있다는 것이다.

6년이라는 시간 동안 성장을 꿈꿨다. 꿈만 꾸는 나에게 현실세계로 인도해준 사람이 많이 있다. 그중에서도 가장 큰 도움을 준 사람이 있다. 그분은 바로 《독서천재가 된 홍팀장》의 저자인 '강규형 대표'이다. 정말 아무것도 몰랐던 나에게 급하지 않게 하나하나씩 실천할 수 있는 지침을 전해주었다.

《모리와 함께한 화요일》,《청소부 밥》,《독서천재가 된 홍팀장》이라는 3권 책의 교집합이 있다. 바로 멘토(Mentor)의 존재이다.

《모리와 함께한 화요일》에 모리 교수는 마지막 죽음을 맞이하는 순간까지 아끼는 제자를 위해 화요일마다 만남을 이어가면서 인생의 지침을 전해준다. 《청소부 밥》에 밥 아저씨도 주인공 '로저'에게 월요일마다 만남을 통해 6번에 걸쳐서 인생의 중요한 지침을 전한다.

#1 밥 아저씨의 6가지 지침

> 첫째. 먼저 지쳤을 때는 재충전하라.
>
> 둘째. 가족은 짐이 아니라 축복이다.
>
> 셋째. 투덜대지 말고 기도하라.
>
> 넷째. 배운 것을 전달하라.
>
> 다섯째. 소비하지 말고 투자하라.
>
> 마지막으로, 삶의 지혜를 후대에게 물려주라.

《독서 천재가 된 홍팀장》의 저자 강규형 대표 역시 토요일마다 홍팀장을 만나서 인생의 중요한 지침을 전해준다. 강규형 대표는 나에게 청소부 밥 아저씨였으며, 모리 교수였다. 8개월 동안 교육 받기 위해 대구에서 서울까지 오가면서 노력했던 나에게 그는 4가지 지침을 전해주었다. 그 지침은 다음과 같다.

#2 강규형 대표의 4가지 지침

첫 번째 지침.

'열정은 목소리 큰 게 아니라, 지치지 않는 것'

강규형 대표는 〈3P바인더〉의 아버지이자, 살아 있는 증인이자, 장인이다. 교육 중에서 가장 충격적이었던 장면이 있다. 1990년도부터 2018년 현재까지 매주 주간 기록을 하고 있는 바인더가 10권 넘게 있다. 하루도 빠지지 않고 자신의 시간을 기록하는 부분에서 목소리 높여 외쳤다.

"열정이 뭐라고 생각하시나요? 목소리 큰 거요? 아닙니다. 지치지 않는 게 열정입니다. 지치지 마세요. 끝까지 가세요. 완벽하지 않아도 좋아요. 어설프더라도 완성하세요."

순간 너무나 힘든 상황이라 놓고 싶었다. 정말 지쳐 있었다. 그래서 다 포기하려고 하는 나에게 미친 듯이 울림을 준 말이었다. 이상할 정도로 그때부터 지치지 않았다. 아니 지치고 싶지 않았다. 지치지 않을 자신이 생겼기 때문이다. 여러분도 잘하려는 생각을 조금 내려놓고, 끝까지 가려는 마음을 먹어보길 바란다. 그럼 분명히 어깨가 가벼워지면서 더 행복한 생각들로 바뀌기 시작할 것이다.

두 번째 지침.

'리틀(Little) 강규형이 아니죠. 비욘드(Beyond) 강규형이 되셔야죠!'

어느 날 우연히 차를 타고 파주 연수원에 가는 길이었다. 운이 좋게도 강규형 대표가 운전하는 차에 옆자리에 앉게 되었다. 솔직히 잘 보이고 싶기도 하고 이 기회를 어떻게 어필할까? 고민하면서 회심의 아부를 날렸다.

"저 강규형 대표님을 닮고 싶습니다. 리틀 강규형이 되도록 노력하겠습니다!"

말이 끝내자마자 살며시 미소 지으면서 강규형 대표는 대답했다.

"33살의 이재덕과 52살의 강규형을 비교하시면 안 되죠. 33살의 강규형을 경쟁상대로 삼고 52살의 이재덕을 생각하세요. 리틀 강규형 말고 비욘드 강규형 하세요. 거인의 어깨에 올라타서 넘어가세요!"

순간 '무슨 말도 안 되는 말인가?'하면서 기가 막혔다. 하지만 틀린 말은 아니었다. 스스로가 어떤 장벽을 치고 있었다. 그 장벽을 시원하게 없애준 사이다 같은 답변이었다. 벼룩이 통에 갇혀 있으면 그 통 높이 이상을 점프하지 못한다. 하지만 통의 뚜껑을 열어 놓으면 그 통 밖으로 점프해서 나올 수 있다. 그 뚜껑은 누가 놔둔 것이 아니요, 스스로가 덮어놓은 것이다. 멘토의 역할은 그 뚜껑이 없는 더 큰 세상을 보여주고 그려주는 것이 아닐까?

세 번째 지침.

'완벽해서 시작하는 게 아니고, 먼저 알았기에 시도하는 것'

당시 독서모임은커녕 독서도 제대로 하고 있지 않던 내게 막중한 임무를 주셨다. 대구에는 '나비 독서모임'이 전무했다. 그때 서울에 있는 '양재나비 독서포럼'에 참석한 상황에서 '나중에 독서모임을 대구에도 만들고 싶다'라고 공언을 했다. 그때 강 대표님이 또 한 번 내 심장을 두근거리게 해주었다.

"이재덕 마스터, 독서모임을 만드는 건 자신이 완벽해서 시작하는 게 아니에요. 먼저 알았기에 시도하는 거예요. 지금 시작하세요. 깃발부터 꽂으세요. 그러면 깃발을 보고 사람들이 모여들 거예요."

그렇게 해서 아무것도 가진 것 없던 나는 대구 최초의 독서모임을 시작하게 되었다. 그렇게 현재 5년 넘는 시간 동안 유지가 되고 있고, 그 속에서 수많은 사람들이 변화하고 성장했다. 2018년 12월 5주년 행사를 한다고 연락 온 현재 독서모임의 회장과 나는 누구보다 어설 펐다. 하지만 시작했고, 지속했다. 지금은 무수히 많은 사람들이 영향을 받는 상황이다. 강규형 대표처럼 나 역시 그렇게 이야기해주고 싶다.

'완벽이 아니라, 어설프게 시작해 보라고, 완성을 먼저 한번 경험해 보라고.'

마지막 지침.

'내가 하는 일의 열매는 다른 사람의 나무에서 열린다.'

강규형 대표의 지침 중에서도 가장 많은 공감을 주고 영향을 준 지침이다. 이제는 내 삶에도 중요한 지침으로 자리매김했다. 30년 넘게 나만 보며 살았다. 내 삶의 주인공은 나였고, 나만 행복하면 되는 줄 알았다. 하지만 타인에게 영향을 주고 행복을 전하는 삶의 가치를 깨달으면서 인생을 대하는 자세가 많이 바뀌고 있다. 이 모든 게 긍정적이고 선한 영향력을 준 멘토의 영향이다.

멘토가 없었다면 아직도 방황하고 있을 것이다. 지금은 방황을 끝내고 방향을 찾았다. 긴 인생을 살아가는데 내가 닮고 싶은 누군가. 힘이 들 때 도움을 줄 수 있는 그 한 사람. 그 사람을 찾길 바란다.

'누군가를 멘토로 삼는다는 것은 누군가의 좋은 멘토가 되기 위한 과정이다.'

인생이라는 긴 과정, 여정을 위해 먼저 경험하고 있는 좋은 분들을 잘 만나길 바란다. 그리고 살아간 만큼의 삶을 보고 배우려는 사람들에게 잘 보여주길 바란다. 눈 덮인 길을 함부로 걷지 않길 바란다. 그 길을 따라오는 사람이 내가 사랑하는 자녀일 것이고, 사랑하는 사람들일 것이다.

바인더를 통해 만난
제2의 식구들

#1 밥 사는 사람이 리더

목장모임은 따뜻한 사귐과 솔직한 삶의 나눔이 있는 영적 가족의
모임이다. 서울에 교육을 받으러 올 때마다 시간이 너무 아까웠다. 단
순히 3시간 남짓의 교육만 받고 가기에는 왕복 시간이나 차비가 너무
크게 느껴졌다. 그래서 의식적으로 서울에 머물 수 있는 상황을 연출
했다. 그렇게 참석하게 된 것이 '목장모임'이었다.

'3P자기경영연구소' 강규형 대표는 목요일 저녁마다 대학생들과 교
육생들을 집으로 초대해서 맛있는 식사와 함께 서로의 생각을 표현하
고 공감하는 모임을 주최했다. 당시 엄청 높아 보이고 커보였던 분이
지만, 이 모임 내에서는 정말이지 동네 편한 큰 형님으로 느껴졌다.
그는 항상 하는 표현이 있다.

170

"리더는 베푸는 사람이다. 지식을 나누거나, 밥을 사거나. 박사, 검사보다 '밥사'가 되라."

반 농담이었지만, 내겐 큰 울림이 있는 이야기였다. 당시엔 집도 대구였고 거취 할 곳도 마땅치 않았지만, 훗날 기회가 되면 꼭 '밥사'라는 리더가 되고, 좋은 공간을 준비해서 사람들을 초대해 가진 지식과 경험을 공유해야겠다는 생각을 했다.

#2 이재덕 생가 방문

2016년 초반부터 '3P바인더 코치 과정'과 '독서경영 리더 과정'에 코치로서 참석을 하게 되었다. 6번의 조별 모임을 가질 때 빠뜨리지 않고 진행하는 '의식'이 있다. 바로 '이재덕 생가(生家)'에 초대를 해서 1박 2일 시간을 함께 보내는 것이다.

함께한 사람들은 너무나 감사해 하면서도 미안한 마음을 갖는다. 집에 아기도 있고, 신혼인데도 불구하고 그런 마음을 보인다는 것 자체에 대해서 대단하다고 표현해준다. 사람이 친해지는 순간이 있다. 같이 땀을 흘려서 운동을 하거나, 하룻밤을 같이 보낸다거나, 아니면 맛있는 밥을 같이 해서 먹는 순간이다. 교육생과 코치로 만났지만, 이렇게 시간을 보내고 나면 신기할 정도로 서로에 대해서 마음을 크게 오픈하게 된다.

'핑크투싼'이라는 조명이 있는 기수가 있었다. 이름은 '핑크펭귄'처럼 남과 다른 경쟁력을 갖자는 핑크펭귄의 '핑크'와 울산, 부산(2산)

이라는 단어를 합친 표현인 투싼의 합성어로 지었다. 다들 부산과 울산에서 올라왔고, SUV 차에 캐리어를 각 하나씩 포함해서 7명이 타고 이동을 했다. 나이가 30, 40대 어른들이지만 어린아이처럼 즐거워했다.

그들과 함께 동네에 있는 횟집에 가서 식사를 했다. 단순히 식사를 위한 게 아니라, 그 음식점이 잘되는 포인트를 찾아보도록 미션을 주었다. 그리고 나서 꽤 늦은 시간까지 기다렸다가 횟집 사장님과 인터뷰도 했다. 횟집 사장님은 철학이 뚜렷했다. 알고 보니 10년 전, 일을 시작하기 전에 분야에 관련된 책을 400권이나 읽고 일을 시작했다고 한다.

#3 코칭, 티칭보다 터칭

이런 과정 속에서 한 가지 크게 깨달은 것이 있다.

'코칭(Coaching)이나 티칭(Teaching)보다는 터칭(Touching)이 더 중요하다.'

내가 알고 있는 얕은 지식을 자꾸 가르치려고 했을 때에는 신기할 정도로 반응이 시큰둥했다. 하지만 먼저 했던 경험을 통해서 공감을 할 수 있도록 마음을 전하고 보여주려 노력했더니 훨씬 좋아졌다. 스스로 깨달아 가면서 더 큰 동기부여가 되기를 원했기 때문이다.

누군가를 집에 초대한다는 것은 생각처럼 쉽지가 않다. 어떻게 보면 민낯을 드러내는 상황이 될 수 있기 때문이다. 그럼에도 꾸밈없는 모습으로 대하고 싶었다. 사실 강의를 시작했을 때, 뽐내고 멋있게 보이려고 하기보다는 정말 먼저 경험했던 삶을 나누자는 마음이 있었다. 그러나 시간이 지나 교만이 꿈틀꿈틀 올라오면서 나도 모르게 어깨에 힘이 들어가기도 했다. 그럴 때마다 초심을 잃지 않으려 노력했다.

요즘 다들 핵가족 시대이고, 영국에서는 '외로움 장관'이 생길 정도로 시대가 개인주의 성향이 만연해 있다. 〈3P바인더〉라는 도구를 통해서 이런 멋진 이들과 새로운 가족이 될 수 있음에 무한 감사를 드린다. 또 앞으로 가족이 될 이들을 기대하며 가족같은 이들에게 코칭을 하는 나의 마음을 '중용 23장'의 표현으로 마무리 하고 싶다.

작은 일도 무시하지 않고 최선을 다해야 한다.
작은 일에도 최선을 다하면 정성스럽게 된다.
정성스럽게 되면 겉으로 드러나고,
겉으로 드러나면 이내 밝아진다.
밝아지면 남을 감동시키고,
남을 감동시키면 변하게 되고,
변하면 생육된다.

그러니 오직 세상에서 지극히 정성을 다하는 사람만이
나와 세상을 변하게 할 수 있는 것이다.

— 중용 23장

바인더를 통해 배운 연결력, 교집합

'수포자(수학을 포기하는 사람)!'

나 역시 '수포자'였다. 수학을 포기하고 산 내가 수학에서 가장 기본이면서 중요한 개념을 시간이 지나서 알게 되었다. 수학을 배울 때 그래도 가장 만만하게 배울 수 있던 영역이 집합이다. 합집합, 여집합, 부분집합... 그중에서도 지금 내게 가장 중요한 집합은 따로 있다. 바로 '교집합'이다.

많은 사람들이 독서를 한다. 바인더라는 교육을 통해 자기계발을 한다. 크게 성장하는 사람들도 있고, 생각보다 성장이 둔한 이들도 있다. 그들의 모습을 잘 들여다보다가 어느 날 깨달은 바가 있다. 책을 책으로만 읽고, 바인더를 바인더로만 쓰는 사람들이 많았다. 책을 읽고 그 책의 내용을 더 잘 이해하고 실행으로 옮기기 위해서는 그것을 도울 수 있는 시스템이 필요하다. 그 속에서 교집합을 찾아내지 못한다면 책을 읽는 게 수단이 아닌 목적으로 끝나버린다. 책을 읽는 게 수단이 되길 바란다.

책을 읽는 이유는 내가 가진 목적을 이루기 위함이고 그 목적을 이루기 위한 수단을 찾는 것이며, 그 수단을 찾아서 내가 가진 문제를 해결하는 것이다. 그 문제를 해결하기 위해서는 그 문제를 해결할 만한 실마리와 해답들을 책에서 보고 가져올 수 있어야 한다. 그것을 풀어내는 과정을 나에겐 바인더가 도움을 줬다. 책을 읽다가 중요한 개념, 실행하고 싶은 개념을 만나면 바인더에 기록을 한다.

나의 경우 《청소력》을 읽고 '력'이라는 발상이 너무 신선했다.

#1 력(力) 발상 프로젝트

그렇게 만든 바인더의 이름이 〈력(力)'발상 프로젝트〉였다. 책이나 중요한 강의에서 이렇게 '력'이라는 콘셉트로 발상을 전환해보고 싶었다.

비움을 통한 정리, 정리를 통한 핵심을 찾는 개념으로 시작된 〈정리력〉.

《생각의 비밀》이라는 '김승호 대표'의 책에 보면 6000억 시장을 뚫은 3가지 문장이라는 개념으로 설명된 3가지 워딩(Wording)의 힘이 있다. 그것을 줄여서 '워딩력'이라고 정리해보았다.

마쓰다 무네아키의 《지적 자본론》에 보면 이제 21세기는 제품 중

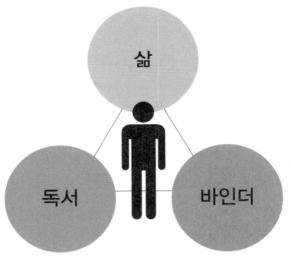

독서와 바인더와 삶의 교집합

심과 플랫폼 중심에서 벗어나, 잘 기획된 디자인을 가지고 제대로 제안하는 사람이 성공하는 시대라는 표현이 나온다. 그렇게 정리를 한 개념이 바로 '제안력'이다.

읽기만 했을 때에는 생각이 확장되거나 깊어지는 데에 한계가 있다. 하지만 독서와 바인더의 교집합을 찾아가기 위해서 이렇게 하다 보면 나만의 생각들이 정리가 된다. 정리가 된다는 것은 핵심이 보이고 집중할 영역을 찾게 되었다는 말이다. 집중할 영역이 생기면 독서하는 목적과 자기계발을 하는 것이 훨씬 더 행복해진다.

독서와 바인더를 통한 교집합을 찾는 연습이 꾸준히 쌓인다면 그때 한 가지를 더 실행해보기 바란다.

바로, 삶과의 교집합을 찾는 것이다.

독서와 바인더, 거기에 삶에 대한 부분까지 교집합을 찾아낸다면 명확히 독서가 되고, 명확한 자기계발이 된다. 그렇게 하기위해서는 시작이 달라야 한다.

#2 목적 있는 자기계발

무작정 책을 읽는 게 아니다. 무작정 자기계발을 하는 것이 아니다. 도대체 나는 무엇을 위한 책읽기를 하고 자기계발을 하는 것인가? 결국 출발이 중요하다. 내가 풀고 싶은 문제는 무엇인가? 내 삶의 명확한 목적은 무엇인가? 그 목적이 뚜렷해지고, 문제가 명확하다면 그것을 풀기 위해서 그 목적을 달성하기 위해서 책을 읽어라. 그 책을 읽기만 하지 말고, 실행으로 가기 위해서 바인더와의 교집합을 찾아 가라. 그렇게 교집합을 찾아가는 연습이 된다면, 행동은 더욱 민첩 해질 것이다.

'돋보기'로 불을 지피려면, 한 곳에 집중하면 된다. 삶도 마찬가지 다. 내 삶이 제대로 타오르기 위해서는 집중할 영역을 잘 찾아내고 그 영역에서의 목적과 문제를 제대로 달성하고 풀어내기 위한 교집합을 잘 찾아내야 한다.

어느 날 공군 대위인 지강현이라는 교육생과의 미팅에서 우리는 묘 한 교집합의 의미를 찾아낼 수 있었다. 교집합을 발견하게 된 그의 이 야기는 다음과 같다.

"교집합은 일정한 패턴을 발견하기 위해 고수들의 방법인 스크랩 을 하면서 발견하려고 해보세요. 그렇게 스크랩을 하다 보면 어느 순 간 양적인 축적이 생길 거예요. 그러면 그 속에서 좀 더 질적인 변환 을 고민해보세요. 현장을 바라보는 일정한 과정을 통해 서로 다른 것 들 사이의 교집합을 찾아보세요. 결국 세상에는 새로운 게 아니라, 누 가 잘 연결하고 누가 더 좋은 교집합을 찾는 가의 싸움입니다. 그러 기 위해서는 늘 고민해보세요. 내 삶의 현장에서 어떤 교집합을 발견 할 수 있을까? 나는 무엇과 연결되어 있는가? 앞으로 무엇과 연결할 것인가? 결국 세상과 나의 교집합을 찾아내기 위해서 끊임없이 연결

해보고 교집합을 찾는 노력이 나만의 새로운 카테고리가 생기게 도울 것입니다."

교집합을 통해 내 인생의 열정점을 찾아내길 바란다. 그리고 환하게 타오를 때까지 집중해보길 간절히 기원한다.

세계 최고의 인재들은
화이트보드에 집중한다

#1 화이트보드 덕후

"시험 볼 때 엄마랑 했던 그 이야기가 떠오르면서 칠판이 떠오르는 그런 적도 몇 번 있고 해서."

'교육대기획10부작', 학교란 무엇인가에 〈0.1%의 비밀〉이라는 영상에서 나온 한 여고생의 인터뷰 내용이다. 자신의 성적의 비결이 바로 화이트보드를 활용하는 방법이라고 한다.

두둥! 순간 이거다 싶은 생각이 들었다.

평소 화이트보드에 대한 애정이 있었던 나에게 너무나 감사하고 행복한 순간이었다. 도스카 다카마사가 쓴 《세계 최고의 인재들은 왜 기본에 집중할까》라는 책이 있다. 이 책에는 '하버드 비즈니스 스쿨', '골드만 삭스', '맥킨지'라고 하는 세계를 호령하는 굴지의 기업들을 경험하면서 엄청난 성과를 낸 저자가 자신의 업무 노하우를 48가지로 요약해서 정리해 놓고 있다. 정말 주옥같은 노하우들이 많다. 그중에서도 가장 멋지게 다가온 부분이 있다.

"업무상 가장 도움이 된 기술은 화이트보드를 활용하는 방법이며, 그는 '화이트보드를 점령한다'는 표현을 했다. 그것이 자신의 핵심 노하우라고 한다."

여기서 점령이라는 단어가 너무나 크게 눈에 들어왔다. 점령이 무슨 말인가? 전쟁에서 고지를 점령하면 그야말로 승리는 따 놓은 당상이다. 그처럼 회의나 어떤 자리에서든 그 상황에서 고지를 점령할 수 있다니, 이 얼마나 감사한 깨달음인가? 그때부터 무식할 정도로 화이트보드 앞에서 작은 점령을 하기 시작했다.

일례로, 회사에서 교육 관련 R&D를 하거나, 강의안을 만들 때면 어김없이 화이트보드를 활용한다. 먼저 한 사람이 검정색 글씨를 쓰면서 논점을 이야기한다. 자유롭게 자신의 의견을 표현한다. 다음 사람은 파란색이나 빨간색으로 덧붙여 의견을 표현한다. 이후 세 번째 사람은 다른 색을 활용해서 내용을 전개한다. 그렇게 몇 번의 내용이 자유롭게 오고 가면, 공통적인 의견이 나오거나 대립되는 의견이 나온다. 서로의 생각을 자유롭게 표현할 수 있고, 수정이 즉시 가능다는 것이 가장 큰 장점이다.

PPT로 만든 자료는 즉시 수정이 불가능하다. 수정은 되지만, 자유로운 생각을 표현하는데 한계가 있다. 그래서 PPT로 회의를 하기보다는 화이트보드를 활용해서 하는 회의가 훨씬 더 효율적이다. 많은 사람들은 화이트보드를 활용하는데 주저한다. 왜냐하면, 표현하는 게 불편하고 앞에서 나서는 것 자체가 부담스럽기 때문이다. 하지만 그 벽을 뛰어넘을 때 다른 생각에 도달할 수 있고, 열린 생각들을 표현하기가 수월하다.

#2 화이트보드의 달인

김무귀 작가의 《최고들의 일머리 법칙》에도 '화이트보드' 관련 이야기가 나온다. 논의가 시작되면 화이트보드의 달인이 된다. 발언의 정리를 자진해서 맡고 있는가? 논의를 가시화하여 참석자들의 아이디어를 이어 의견을 집약해 나가는 것이 지적인 리더십의 기본이다.

대한민국의 사무실에서는 보기 힘든 광경이다. 하지만 세계의 리더들, 세계의 유수의 기업들의 비즈니스맨들은 이토록 화이트보드를 활용하는 삶에 익숙하다.

회사에서 진행하는 교육 중 '3P바인더 코치 과정'이 있다. 그야말로, 〈3P바인더〉를 활용해서 타인에게 코칭을 할 수 있는 능력을 기르고 본인의 업무에 성과를 낼 수 있는 능력을 기르는 과정이다. 얼마 전부터 교육할 때 화이트보드 예찬론을 시작했다.

코칭을 하다가 1시간 단위로 지금까지 배운 내용을 화이트보드에 작성해보도록 이끌었고, 처음엔 조금 쭈뼛쭈뼛했던 교육생들은 자신도 모르게 손으로 작성하면서 생각을 정리하고 배운 것을 복기한다. 그런 다음 물어보면 하나같이 이렇게 대답한다.

"들을 때는 다 안다고 생각했는데, 막상 적어 보려고 하니, 제대로 이해하지 못한 부분이 명확히 보이고, 이미지화를 하려니 생각보다 어려웠다. 하지만 이렇게 작성을 하면서 기억할 수 있는 게 더 큰 것 같다."

교육생 중 심현진 코치는 '화이트보드력(화이트 보드를 사용하는 것에는 힘이 있다)'을 적용했다. 그것도 초등학교 자녀들에게 적용했다.

초등학교 5학년, 3학년인 두 아들(비니, 하니)은 자신들이 배운 내용을 서로 한 명씩 번갈아가며 '교사놀이'를 한다. 5학년 형은 조선시대 왕에 대해서 막힘없이 화이트보드에 기술하면서 하나하나씩 설명을 한다. '우리 학생들이 이렇게 공부하는 습관이 든다면 얼마나 기쁠까?'란 생각을 하게 된다. 이렇게 화이트보드 예찬을 하다 보면 종종 이런 질문을 하는 사람들이 있다.

"화이트보드가 없거나, 들고 다닐 수 없는데 평소에 어떻게 해야 하나요?"

도스카 다카마사는 이렇게 답변을 한다.

"평소에 노트를 쓰면서 꾸준히 연구하며 회의에 참석해서 자기 나름대로 논의 포인트를 파악하고, 이를 노트에 어떻게 정리할지 훈련한다."

대한민국 모든 과정에서 한 가정 한 화이트보드가 상용화되는 날이 오길 기대한다.

'화이트보드를 쓸 것인가? 늘 머릿속이 화이트가 될 것인가?'

Not 성공자 But 성장자
(함께 성장한 저자들)

#1 살아 있는 책, 저자와의 만남

'책만 읽지 말고, 살아 있는 책인 사람 책(저자, 주인공)을 읽어라.'

〈3P바인더 다이어리〉를 만나면서 《마지막 1% 정성》의 저자 송수용 대표뿐 아니라, 《총각네 야채가게》 이영석 대표, 《독서천재가 된 홍팀장》 강규형 대표 등 내로라 하는 저자들을 만나면서 독서 초보에서 좀 더 빠른 속도로 독서근육을 생성하게 되었다. 하지만 주의할 점이 있다.

저자 특강이 매력이 있고 장점도 많지만, 자칫 잘못하면 너무 인스턴트식의 독서가 될 수 있다. 저자들을 통해 핵심을 보게 되다가, 다시 책을 읽으려면 핵심이 보이지 않고 어려우면 지루함을 느끼고 힘들어질 수 있다. 그래서 무분별한 저자 특강을 찾아다니는 일명 '저자 특강쟁이(저자 특강만 듣는 사람)'가 되지 않길 바란다.

3년 정도 많은 저자들을 직접 찾아 만나 보면서 얻은 깨달음이 있다. 이미 성공한 사람들과, 저자들과 더욱 친밀해지는 것에는 한계가 있다는 것이다.

"성공한 사람을 쫓지 말고, 성장할 사람과의 시간에 투자하라."

어느 책에서 읽게 된 이 구절을 통해서 '저자를 만나러 가는 시간을 줄이고, 내 주위에 있는 사람들이 저자가 되도록 성장시키고 돕자'라는 생각을 하게 되었다.

#2 교육생이 저자가 되다

'3P바인더 코치 과정'과 '독서경영 리더 과정'에서 만난 많은 사람들이 처음엔 그냥 교육생이었다. 본격적으로 2015년부터 두 과정에서 코치의 자격으로 참석하면서 3년 동안 많은 사람들을 만나 교제하고 서로 교학상장(敎學相長)했다. 신기하게도 2018년 11월 현재 내가 코칭을 했던 사람들 중에 저자가 많이 배출되고 있다. 당연히 나의 몫만이 아니라, 여러 사람의 도움이 있었지만, 여하튼 '저자'를 키우는 코치가 된 기분이 참 뿌듯했다.

《1억 3천 빚쟁이가 1년 만에 억대 연봉자가 된 비법》의 저자인 강은영 마스터는 그중에서 가장 큰 성장을 한 교육생이다. 그 밖에도 김명숙 마스터, 정인구, 강지원 부부 마스터, 이영철 마스터, 박원태 코치, 안은선 마스터, 전대진 코치, 장재훈 코치, 문형록 코치, 최원일 코치, 오소희 코치 등 수없이 많다.

처음엔 저자를 통해서 책의 핵심을 보는 눈을 키웠고 이후엔 저자가 될 사람들과 책의 핵심을 나누는 마음을 길렀으며, 이제는 저자가 되려고 책의 핵심을 전하는 정성을 들이고 있다. 〈3P바인더 다이어리〉를 통해 훗날 저자가 될 독자들을 기다리고 응원한다.

"이 책을 읽고 메모를 하는 당신이 이 책의 공동 저자!"

이 말이 실감나는 이유는 책 속에서 얻은 귀한 통찰을 준 문구 덕분이다.

"책은 구입할 때는 미완성이며, 자신의 손으로 메모하고 기입하는 순간 완성된다."

2017년 읽은 책 중에서 가장 큰 울림을 준 문장이 아닐까 한다.

야마구치 슈의 《읽는 대로 일이 된다》라는 책에서 이 문장을 보는 순간 말할 수 없을 정도로 행복했다. 평생 책을 읽는 독자로 끝나는 게 아니다. 책을 보면서 여백에 메모를 하면서 어느새 공동 저자가 되는 과정을 경험하고 있는 것이다.

#3 책은 텍스트가 있는 노트

책에 메모를 하는 것이 너무 불편하고 의미를 모르는 사람들이 많이 있다. 이전에도 책에 메모를 하면서 남과 다른 방법으로 성장을 하고 있던 찰나에 기름을 부어주는 명문장이었다. 책을 귀하게 다루지 말라는 이야기가 아니다. 책보다 더 소중한 것은 바로 그 책을 읽는 독자 여러분이다. 독자로 평생을 살지 않길 바란다. 처음부터 저자가 되는 것을 바라는 것은 부담스럽다. 그래서 지금부터 구입한 새 책을 미완성이라고 인식한 후, 내 메모와 흔적을 남김으로써 완성 작품을 만들어 가는 행복한 생산자의 과정을 경험해보길 바란다.

'인생은 미완성이다. 당신의 실패와 성공의 경험이 어우러져 비로소 완성되는 것이다.'

책 속의 내용을 통해 간접경험을 하면서 작은 완성들을 경험해본다면 단순히 책 읽기로 끝나지 않고, 책을 통해 삶 속 변화의 경험들을 맛보게 될 것이다. 부디 그 행복감을 느껴 보길 바란다. 그리고 이 책을 다 읽은 시점에 이 책의 공동저자로 본인의 이름을 적어 보길 바란다. 그런 책이 100권이 쌓일 때쯤이면 진짜 저자가 되는 경험의 주인공이 될 수밖에 없다. 그런 미래의 저자님께 박수를 보낸다!

⟨3P바인더⟩
사례

세계를 바인딩하다. 중국(China) & 몽골(Mogolia)
......

#1 최초의 해외 강의, 중국 베이징

2017년 8월 5일, 인생 최초의 해외 강의를 했다. 중국의 수도 베이징에서 25명의 조선족 선생님들을 모시고 강의를 진행했다. 예전부터 중국의 사업자들이 회사의 교육과 ⟨3P바인더 다이어리⟩를 사용하고 있었다. 하지만 늘 연속성이 없었다. '3P바인더 코치 과정'에서 정수영 대표를 만났다. 언뜻 보기엔 너무나 조용한 한 사람의 여성이다. 결과부터 이야기하자면, 이 조용하고 내성적인 사람이 현재 '3P 자기경영연구소' 중국 본사의 대표이다.

한 사람의 소중함을 절실히 느낀 날들이다. 늘 그래왔듯이 코칭을 하면서 진심으로 정성을 다해 알고 있고 경험한 내용들을 보여주고 전해주었다. 기존에 받아 온 교육과는 느낌이 많이 다르다며, 큰 비전을 보게 된다는 말을 하였다. 이후 회사 대표님과 면담을 가진 후 일사천리로 진행이 되었고, 그렇게 강규형 대표님과 비행기를 타고 중국 베이징까지 강의를 하러 가게 된 것이다.

사실 강의하러만 가도 너무나 뿌듯하고 행복할 터인데, 중국에 떠오르는 관광명소인 '고북수진'까지 여행하는 경사를 누렸다. 2조 원 가까운 자금을 들여서 큰 테마도시를 만들어놓은 모습을 보면서 중국의 엄청난 힘을 마주하게 되었다. 3일에 걸쳐서 독서, 바인더, 정리력 강의 등을 진행했다. 신기하게도 〈3P바인더 다이어리〉를 통해서 이렇게 다른 나라에 있는 사람과도 연결이 되는 모습이 많다. 강의 내내 감동을 받는 교육생들이 너무나 감사했다. 결핍의 힘일까? 자주 들을 수 없는 교육이기에 강사와 수강생 모두 제대로 몰입할 수 있었다.

그렇게 강의를 무사히 마치고, 한국과 중국 제휴까지도 오갈 정도로 빠르게 업무가 진행이 되었다. 이로부터 불과 반 년도 지나지 않아서, '3P자기경영연구소' 중국 지사가 생겼고, 제품들이 중국어판으로도 번역이 되기 시작했다.

예전에 어떤 강의에서 들었던 기가 막힌 개념이 있다.

'적금 중에서 최고로 이자가 많이 붙는 적금은 바로, 사람 적금이다.'

그렇다. 사람에게 제대로 적금을 들어놓고 관계를 지속하면 나중에 일반 적금과는 비교도 안 될 정도의 수익이 생긴다. 정수영 대표라는 한 사람에게 제대로 된 적금을 들여놓은 결과가 이렇게 빠른 진행을 가져다준 것 같다.

#2 최목사의 25년 꿈이 이뤄지다

'독서경영 리더 과정'에서 만난 최육열 목사는 정말 신실하시다. 그런 그가 3P자기경영연구소의 교육들을 통해 더 멋진 변화가 시작되었다.

2018년 6월 18일부터 25일까지 몽골 울란바토르 대학교에서 70여 명의 몽골에 있는 한인과 한국말이 가능한 몽골인들에게 강의를 하게 되었다.

몽골을 대표하는 특색 있는 건축물 중에는 '게르(Ger)'라고 하는 이동용 주택이 있다. 몽골에 작은 게르 도서관 프로젝트를 진행 중이라는 이야기를 듣고 몽골 프로젝트는 시작되었다. 최 목사는 25년이라는 시간동안 변함없이 몽골의 발전과 성장을 위해 후원하고 사역하고 계셨다. 그 정성이 닿은 걸까? 마침내 몽골에 최초로 강의를 가게 되었다.

이 글을 쓰고 있는 지금. 너무나 기적 같다.

2018년 6월 17일 저녁 7시 인천에서 출발하는 비행기를 타고 '칭기즈칸 공항'으로 입국했다. 저녁 늦게 도착한 일행은 짐을 풀고 바로 잠자리에 들었다. 6시간 정도 잠을 청한 뒤, 몽골 최초의 '3P바인더

셀프리더십 과정'을 진행했다.

'울란바타르 대학교'에서 진행되는 이 과정에 무려 70명이 넘는 교육생들이 신청했다. 복잡한 길 안내 대신에 사람의 발자국을 오려서 계단에 붙여 있는 모습, 수많은 전단지와 홍보물을 대학교 곳곳에 붙여놓은 모습을 보고 실감이 났다.

강의를 맡은 강규형 대표는 지금까지 엄청나게 많은 강의를 진행했다. 하지만 이날 본 모습은 정말이지 마지막 강의라는 모습으로 강의를 했다. 아니 울부짖었다는 표현이 더 맞을 것 같다.

처음엔 생소한 강의에 조금 어색해 했던 교육생들은 자신들의 꿈을 적어 보고, 서로 이야기 나누고 앞에서 발표를 하면서 생동감을 찾기 시작했다. 그렇게 시간이 갈수록 시간관리, 지식관리, 목표관리, 독서경영, 업무관리, 사명 등의 내용을 진행하면서 어느 순간 공간은 용광로와 같이 달아올랐다. 마지막에 사명을 함께 외치는 순간은 온몸에 소름이 쫘~~악 돋았다. 사명을 외치는 교육생들이 그 두 번째 날을 맞이하는 모습은 너무나 행복하게 다가왔다.

#3 몽골에서의 첫 강의

첫날 무사히 교육이 끝나고 이튿날 '독서경영 기본 과정' 교육을 진행했다. 제법 강의를 하고 있지만, 몽골에서의 첫 강의는 가슴이 터질 듯한 기분이 들었다. 이상할 정도로 몰입되었다. 서울에서 하는 교육은 언제든 다시 볼 수 있고, 피드백을 해줄 수 있지만, 이들에게는 인생에 있어서 마지막이 될 강의일지도 모르기 때문이었다. 그래서 다른 때보다 더욱 더 정성스런 마음으로 진행했다.

'작은 게르 도서관' 프로젝트를 진행하고 있다. 아이들이 도서관에 와서 책을 읽는다. 하지만 그 아이들에게 제대로 된 책읽기를 알려줄 수 있는 시스템이 부족하다. 그래서 온 교육생들은 '가뭄에 비를 만난 듯' 그야말로 숨소리까지도 흡수하는 느낌이었다.

70명이었기에 조별로 진행하기는 쉽지 않았다. 하지만 이들에게는 무언가를 알려주기보다는 직접 한 번 해볼 기회를 주는 게 더 옳다는 판단이 들었다. 그래서 처음으로 가이드가 없이 교육생들끼리 토론을 진행하도록 했다. 처음에는 나이도 다르고, 직책도 차이가 났기에 부담스러워했다. 그러나 어느 순간 모든 이들이 출력의 기쁨을 만끽했다.

사람이 가장 제대로 배울 때는 누군가에게 '알려주고 설명할 때'이다. 교육생들이 단순히 입력만 하고 그치는 수업이 아니라, 출력을 통해서 자기화를 해나가는 과정을 겪으면서 점점 더 행복하게 집중하게 되었다.

교육이 끝나자마자 여기저기 서로 독서모임을 만들겠다고 흥분을 했다. 단순히 1회성 교육이 아니라, 이번에 제대로 몽골이 변화하기를 기도했다. 그래서 사후관리 시스템을 마련하기로 이야기를 나누고 교육을 마무리했다. 이후 시간이 지나 몽골 최초로 'UB(울란바토르)나비 독서모임'이 시작되기도 했다.

#4 몽골에서의 뜻 깊은 생일

사실 교육이 진행되는 기간에 생일이 끼어 있었다. 교육이 6월 18, 19일에 진행되었고, 20~23일 4일간 흡스골 호수(Khovsgol Lake)에 여행 일정이 잡혀 있었다. 호수 크기가 경기도 땅 크기만 하다는 이야기를 듣고 흥분되었다. 열심히 교육을 하고 기분 좋게 차에 몸을 실었다. 생각지도 못한 곳에서 식사를 하는데, 갑자기 주최하신 교수님들이 현지에서 구한 빵으로 '생일 케이크'을 만들어서 축하해주었다. 그때 때마침 낙타를 탄 어르신이 우리에게 다가오셨다. 생애 처음으로 낙타를 가까이서 본 순간이었다.

37년이라는 시간 동안 매년 생일은 맞이했었다. 하지만 이날 외딴 곳에서 맞이한 생일은 내겐 너무나 의미 있는 날로 다가왔다. 그래서 의미 있는 무언가를 해보고 싶었다. 이동하는 차 안에서 무려 3권의 책을 읽었다. 읽었다기보다는 읽혔다. 이날을 내 인생에 아주 특별한 순간으로 만들고 싶었다. 그때 읽은 책 3권이 하형록 회장님의 《페이버》, 아키바 유지의 《세계 최고의 인재들은 어떻게 읽는가》, 팀 페리스의 《지금 하지 않으면 언제 하겠는가?》이다.

특히, 강규형 대표가 추천해서 선물로 준 《페이버》는 읽는 내내 너무나 감동이었다. 내용 중에 가장 와 닿은 부분은 '자신도 심장이 안 좋은 상태에서 어렵게 구한 심장 이식 수술의 기회에서 자신과 비슷한 상황의 여성에게 심장 이식 수술의 기회를 넘긴다'는 내용이었다. 솔직히 말도 안 되는 상황이다. 하지만 하형록 회장님은 그렇게 하셨다. 그리고 엄청난 '페이버'를 받는다.

몽골에 와서 하고 있는 우리의 모습과 너무 연관이 많은 부분이라 보는 내내 연신 감탄을 했다. 가는 길에 독수리도 만날 수 있었다. 책 속에서 독수리를 통한 큰 깨달음을 얻게 되었다.

'보통 새들은 수평으로 이동하면서 나는 데 비해, 독수리는 수직으로 비행하는 유일한 새다. 삶의 기적 역시 수평이 아닌 수직으로 부는 바람과 같다.'

예전 같았으면 그리 대수롭지 않게 넘겼을 내용이다. 하지만 이번에는 너무나 생생하게 다가왔다. 수평으로 바람을 타는 것은 자신의 힘으로만, 자신의 기술로만 무슨 일을 해내는 모습이다. 반면, 수직으로 바람을 타는 것은 자신의 힘을 빼고 다른 큰 도움을 받는 것을 말한다. 몽골에서 멋진 교육봉사를 하고 있는 이들에게 우리가 하는 교육이 '수직 비행'을 도울 수 있는 거라는 생각이 들었다. 회사 역시 몽골에서 제대로 하고 있는 이들을 통해 좀 더 글로벌화한 모습으로 독서모임 운동을 벌일 수 있게 된다. 책을 덮으려는 순간, 작은 깨달음이 불현듯 다가오면서 너무나 의미 있는 생일의 정점을 찍어줬다.

특이한 것은, 몽골은 우리가 교육하는 셀프리더십과 너무나 연관이 많이 되어 있다는 점이다. 셀프리더십은 자신의 꿈을 기록하고 목표를 관리하여 자신의 삶의 주인으로 살아가는 자기관리 방법을 〈3P바인더〉라는 도구를 통해 돕는다. 이때 말하는 꿈과 목표를 다르게 표현하면, 夢(꿈 몽), Goal(목표)이다.

누구나 한번쯤은 그려 본다.
한 번도 가보지 못한 미지의 땅에서의 내 모습을.
꿈(夢)같은 일이 벌어지고 말았다.
Goal(골)을 가지면 이루어진다.
바로 夢 Goal에서!

모래 폭풍 배경으로 생일 사진을 찍을 일이 또 있으랴?
몽골 현지인들과 귀한 낙타 주인장도 함께
25년의 몽골 선교를 하고 계신 선교사님들, 그분을 후원하는 목사님,
그리고 3P자기경영연구소 강규형 대표와 직원들!

의미 있는 깨달음과 동시에 펼쳐질 '작은 게르 도서관 프로젝트'가 너무나 설레는 날이다.

이 글을 쓰고 있는 지금 눈앞에 펼쳐진 '몽골의 대자연!'의 모습이다. 늘 꿈에서 그렸던 모습이 현실이 되는 순간 정말 감사와 행복감이 솟아오른다.

게르 속에서 책을 읽는 아이들이 늘어나고 더 의미 있어질 몽골에서의 날을 기대하며 '칭키즈칸'이 꾸었던 큰 꿈처럼, 몽골에 독서바람이 부는 위대한 꿈을 꿔본다.

"꿈은 실현되지 않은 현실이다."

\<3P바인더\>
팁

Weekly Light(주간 계획), 인생 밭에 씨를 뿌리다

#1 조선왕조 실록보다 내 삶에 대한 역사

> "호랑이는 죽으면 가죽을 남기고, 사람은 죽으면 이름을 남긴다."
> 이순신 장군, 세종대왕, 안중근 의사. 지금의 대한민국이 있기까
> 지 이분들의 역할이 너무나도 컸다. 그리고 이분들의 기록을 통해 대
> 한민국의 현재가 더 멋진 방향으로 발전하고 있다. 그중에서도 이순
> 신 장군의 《난중일기(亂中日記)》는 최민식 주연의 〈명량〉이라는
> 영화로 재탄생했다. 영화진흥위원회 기준으로 최종 17,615,057명을
> 기록하며 대한민국 역대 최고 관객 수를 기록하였다.

<출처 위키백과, 우리 모두의 백과사전>

대한민국 역대 최고 관객수에 나 역시 포함된다. 영화를 보는 내내 느낀 점이 있다. 아무리 영화지만 어떻게 이렇게 현실적인 상황전개와 인물묘사를 했는지 혀가 내둘러질 지경이었다. 그 바탕에 바로 《난중일기》가 큰 몫을 차지할 거라 생각한다. 영화의 마지막 장면에 일본 수군을 크게 무찌른 다음에 배를 조종하는 선원 중 한 사람의 대사가 내 가슴에 크게 스며들었다.

"우리 후손들이 나중에 우리가 이렇게 뺑이쳤는줄 알란가? 모르면 그건 잡놈이지라~."

만약 《난중일기》가 없다면 이토록 소중한 선조들의 삶과 정신을 느끼고 볼 수 없을 것이다. 지금은 펜과 종이로 편히 기록할 수 있다. 하지만 당시는 완전히 다른 상황이었다. 배 위에서 생활을 많이 했을 것이며, 그것도 전쟁 중이었기에 한 자 적는 것도 쉽지 않았을 터이다. 펜 대신 벼루에 먹을 갈아서 한 자 한 자 정성으로 기록했을 것이다.

왜 일기를 썼을까? 후손들이 선조들의 뼈아픈 역사의 과오를 되풀이하지 않기를 바라는 애국심이 아닐까?

언젠가 이런 말을 들은 적이 있다.

'《조선왕조 실록》이 중요한가? 당신의 삶의 역사가 중요한가?'

분명 다들 자신의 삶의 역사가 중요하다고 말한다. 하지만 그에 걸맞게 삶의 역사를 중요하게 여기고 기록하는지 들여다보면 그렇지 않은 경우가 대부분이다.

#2 기록에 눈 뜨다

기존에 생각했던 기록과 차원이 다른 의미를 깨닫고 삶을 기록하기 시작했다. 그 기록을 도와주는 도구가 바로 〈3P바인더 다이어리〉다.

〈3P바인더 다이어리〉는 1권의 다이어리로 내 삶의 목표와 꿈, 시간과 지식을 관리할 수 있는 '종합 라이프 플래너'이다.

그중에서도 가장 멋진 부분이 '시간관리'에 대한 부분이다.《성과를 향한 도전》에 피터 드러커는 시간에 대한 본질을 이야기한다.

"너의 시간을 알라."

시간을 알기 위해서는 우선 시간을 기록하고, 그 기록한 시간을 잘 관리하며, 시간을 묶음 단위로 모아서 중요한 일을 우선순위에 맞게끔 처리하는 것을 강조한다.

〈3P바인더 다이어리〉를 만나기 전에는 시간을 기록한다는 것을 생각해본 적도 없다. 피터드러커 교수는 성과에 대해서도 이렇게 이야기 한다.

"성과를 낼 수 있는 유일한 방법은 피드백이다."

요약하면 성과를 낼 수 있는 유일한 방법은 시간을 기록하고, 그 시간을 제대로 피드백해서 불필요하고 위임, 제거해야 하는 시간을 줄이거나 없애고, 중요한 일에 집중하는 것이다. 이렇게 시간을 관리하기 시작한 지 6년이 되면서 시간에 대해서 나름 예민해지고, 그냥 흘러가는 시간이 아니라 고정되어 삶 속에 역사로 남겨지는 기쁨을 맛보고 있다.

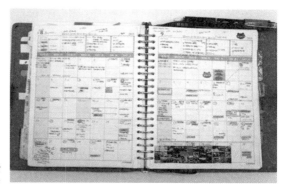

이재덕 강사
< 월간 사례 >

<3P바인더>의 꽃은 Monthly Plan(월간 계획표)
Why?
1년을 관리하는 데 6장,
10년은 60장,
40년을 관리하는데 240장이면 끝!!
서브바인더 1권으로 40년을 관리할 수 있는 말도 안 되는 시스템!!

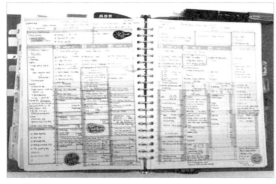

이재덕 강사
< 주간 사례 >

단순히 다이어리를 적지 않길 바란다.
날짜에 기록이 더해지는 순간 그것은 당신의 인생의 역사가 된다.
그 역사서의 저자는 바로 당신이다.
멋진 건물을 갖고 싶다면
하루 하루 작은 벽돌 하나 쌓는 일을 게을리 하면 안 된다.
10년, 20년 후 멋진 삶을 꿈꾼다면, 지금 오늘 이순간에 집중하면 된다.
그것을 도와주는 Weekly Light(주간 계획표)!

글을 쓰고 있는 지금도 〈3P바인더 다이어리〉에 기록된 핵심사건과 기록을 바탕으로 작성을 하고 있다. 정말이지 파워풀하다.

#3 씨앗 효과(Seed Effect)

'3P자기경영연구소'의 강규형 대표는 항상 바인더를 기록할 때 3가지 씨앗을 강조한다. 옥수수 씨앗 1개에서 500~1000개의 옥수수 알이 나온다는 비유로 '씨앗 효과'를 이야기한다.

그 씨앗 중의 하나가 바로 글씨이다. 내가 적는 글씨가 씨앗이 되어 역사가 되고 열매가 맺어진다. 두 번째가 바로 말씨이다. 말하는 것이 기록이 되면서 꿈이 이루어지고, 목표한 것들이 실제가 된다. 마지막 씨앗이 바로 생각씨이다. 안 된다는 생각, 못한다는 생각을 하지 않는 게 좋다. 그렇게 될 것이기 때문이다.

여기에 한 가지를 덧붙이고 싶다. '솜씨'가 그것이다. 위 3가지 씨앗을 제대로 뿌리고 심는 사람은 갈수록 솜씨가 좋은 사람이 될 수밖에 없다.

학창시절 경상도에 살면서 부정적인 표현이나 거친 표현을 정말 많이 했다. 하지만 '씨앗 효과'를 제대로 이해한 순간부터 입에서 욕설이나 비속어가 나오는 경우는 거의 없어졌다. 그리고 늘 꿈을 기록하고, 목표를 기록하고, 가능성을 기록하는 사람으로 변했다.

신기하게도 6년 전부터 뿌려온 씨앗은 작은 열매로 나오고 있다. 기록을 하는 것이 씨앗을 심는 것이라면, 기록을 보면서 내 삶을 돌아보는 것이 바로 씨앗에 물을 주고 제초를 하고 벌레를 잡으면서 관리하는 것이 아닐까?

우리 모두가 역사의 주인공이 되길 바란다. 그 역사서의 저자가 되길 바란다. 3가지 씨앗, 즉 생각씨, 말씨, 글씨를 〈3P바인더 다이어리〉라는 '인생 밭'에 심어 보자. 그리고 매일 그 씨앗들을 관리하는 농부의 정신으로 멋지게 살아 보자.

MIP, 생산성을 올려주는 메모 시스템

"기록하는 순간 지식이 되고, 분류하는 순간 지식화가 된다."

책을 읽거나, 강의를 들을 때 많은 사람들이 열심히 기록을 한다. 아니, 기록만 한다. 〈3P바인더 다이어리〉를 계속 사용하면서 늘 고민한 부분이 있다. 어떻게 하면 기록을 통해서 업무를 개선하고 성과를 낼 수 있을까?

사실 기록 그 자체는 의미가 약하다. 흔히 왜 기록하는 지를 물으면 대부분 잊지 않기 위해서 기록한다고 한다. 하지만 성공한 리더들은 대부분 잊기 위해서 기록한다.

《메모의 기술》에서 사카토 켄지 역시 '기록을 하고 잊으라. 그리고 창의적인 생각을 하는데 집중하라'고 말한다. 여기에 덧붙이고 싶은 말이 있다.

기록을 위한 기록은 그만하고, 제대로 분류해서 기록이 지식의 패턴이 되고 문제해결을 할 수 있는 솔루션, 즉 지식화가 되면 좋겠다. 그러기 위해서 'MIP 생산적인 메모 시스템'을 권한다.

#1 'MIP 메모 시스템'

많은 사람들은 메모를 할 때 정위치가 모호하다. 어떨 땐 줄 노트에, 다음엔 다이어리에, 그리고 찢어진 노트나, 다른 노트에 메모를 한다. 그리고 나서 잊어버리거나 다시 찾지 못하게 방치를 한다. 제대로 된 기록관리를 위해서 우선 정위치를 정해서 적기 바란다.

〈3P바인더 다이어리〉의 메모(Memo) 노트'는 기록을 위한 정위치이다. 그리고 '핸디 노트'(들고 다닐 수 있고, 찢어서 분류 가능한 노트)가 기록을 위한 노트이다.

다시 말하지만, 기록을 위한 기록이 아니라 두 번째 단계인 '분류'를 위한 기록이 중요하다. 정위치에 잘 기록했다면, 두 번째 단계는 '아이디어(Idea) 노트'에 분류하는 것이다. 이때 우리가 하는 실수가 모든 기록을 다 관리하고 분류하려는 점이다. 항상 무언가를 할 때 플러스(+) 발상 이전에 마이너스(−)발상을 잘했으면 한다.

모든 것을 분류하려는 '+발상'이 아니라, 덜 중요하거나 다시 볼 필요가 없는 자료를 '−발상'으로 버리는 것이 선행되어야 한다. 한마디로, 덜 중요한 것을 제거한 후 남은 소중한 핵심에 집중하는 분류이다. 참고로 아이디어 노트는 분류를 하면서 주제별로 분류가 가능하다. 업무, 개인, 가정, 비전, 기타 5가지 분류가 보편적이며, 내 업무나 생활리듬에 맞게 주제를 분류할 수 있다.

예를 들면, 독서나 교육을 하면서 나오는 아이디어는 주제를 '독서', '교육'이라고 할 수 있다. 분류한 후 찾지 못한다면 그것 역시 의미 없는 일이 될 수 있다. 생산적인 메모 시스템의 마지막은 바로 '프로젝트(Project) 노트'이다.

여기서 말하는 프로젝트는 대기업에서 말하는 프로젝트와는 조금 다르게 정성, 정량적인 목표와 EMS(End, Middle, Start)데드라인 그리고 기대효과(if, if not)를 정리하는 노트이다. 아이디어 노트에 분류된 아이디어 중 실행으로 옮기는 노트라고 생각하면 된다.

〈3P바인더 다이어리〉의 실행을 돕는 강력한 무기인 □를 제대로 활용한다면 실행력이 많이 향상될 수 있다. 실제로 〈3P바인더 다이어리〉의 월간(Monthly), 주간(Weekly)과 프로젝트 노트를 병행해서 활용하면 주 단위 실행, 월 단위 실행, 분기 또는 반기별 실행력에 큰 도움이 된다. 요약하자면, 제대로 된 정위치 미팅 노트에 기록한 후, 아이디어 노트에 주제별로 잘 분류하고 나서 프로젝트 노트를 활용하여 실행을 하면 된다.

기록 ⇒ 분류 ⇒ 실행의 단계로 간다면, 더 이상 기록하기 위해서 기록을 하는 게 아니라, 결국 실행하기 위한 기록을 하는 생산적인 메모가 가능해진다.

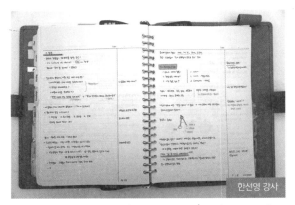

한선영 강사

내가 좋아하는 것 말고 '뇌'가 좋아하는 기록을 하자.
기록하고 보지 않는다면, 기록 안 하는 것과 다를 게 없다.
기록을 위한 기록이 아닌, 분류를 위한 기록!

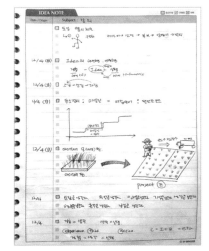

기록한 순간 지식이 되고,
분류한 순간 지식화가 된다.
삶 속 작은 아이디어를 분류하는 사람이
남과 다른 생각으로 실행할 수 있다.

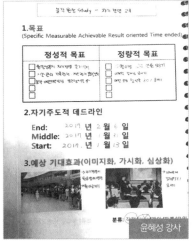

윤혜성 강사

목표와 데드라인이 있다면
당신은 행동할 것이다.
그렇게 했을 때 어떤 이미지가 그려지는지
제대로 그릴 수 있다면
지금 바로 행동할 것이다.

#2 실행을 위한 기록

꿈을 이루기 위해서 '꿈 리스트'를 기록하고, 계약을 하기 위해서 '상담 내용'을 기록하고, 독서를 제대로 하기 위해서 '독서 노트'를 기록한다. 결국, 본질은 실행이라고 말하고 싶다. 기록을 할 때 한 가지 더 염두에 두면 좋은 표현이 있다.

"내가 좋아하는 것 말고, 뇌가 좋아하는 것을 하라."

다니엘 핑크의 《새로운 미래가 온다》에 보면 앞으로의 시대에서는 우뇌형 인간의 6가지를 잘 활용하는 사람이 더 제대로 성장한다고 이야기한다. 6가지는 바로, 디(자인), 스(토리), 조(화), 공(감), 놀(이), 의(미)이다. 모두 뇌가 좋아하는 범주이니, 메모를 할 때 6가지 기준을 가지고 한다면 훨씬 더 생산적인 메모를 할 수 있을 것이다.

'기록하는 순간 지식이 되고, 분류하는 순간 지식화가 되고, 실행하는 순간 지식근로자가 된다.'

Mission, 방향이냐? 속도냐? 그것이 답이로다

#1 사명을 가지면 행동이 변한다

"나 이재덕은 독서와 바인더의 위대함을 나누며, 주위 사람들에게 비전과 희망을 전하겠습니다."

살면서 독서도 거의 안 했고, 자기관리의 '관'자도 제대로 모르던 내가 나 자신을 위한 삶이 아닌 타인에게 영향을 끼치는 삶을 살겠다고 한 것. 이 사명이 내 인생의 변화를 이끈 중요한 포인트였다.

이 글을 읽고 읽는 당신, 혹시 스스로 이렇게 질문해본 적이 있는가?

"과연 한 번 사는 내 인생에서 가장 중요한 것은 무엇인가?"

"나는 무엇을 위해 존재하고 태어났는가?"

"나란 사람의 존재이유와 사명은 무엇인가?"

장담컨대, 많은 사람들에게 이런 질문을 던지면 당혹스러워하거나 불편해한다. 그만큼 부담스러운 질문이자, 답변하기 어려운 질문이기 때문이다. 이 책을 읽는 동안 위의 질문에 스스로 답을 찾아보길 바란다. 뒤에서도 나누겠지만, 그 답을 찾을 수 있는 3개의 키워드가 있다. 분명 이 책을 읽고 난 후 어렴풋이라도 그 답을 내리고 행복해질 당신을 기대한다.

#2 존재 이유를 알게 된다는 것

인생을 변화시키는 힘이란, 대단한 것이 아니다. 그것은 내가 이 땅에 태어난 존재 이유를 아는 것이다.

'살아야 할 이유와 의미를 아는 사람은 어떠한 상태에서도 견뎌 낼 수 있다.'

빅터 프랭클의 《죽음의 수용소》를 읽으면서 내 존재 이유를 생각해보게 되었다. 신기한 것은 2013년 1월에 사명을 정할 당시 직업은 '보험설계사'였다는 것이다. 보험설계사의 사명이 타인에게 비전과 희망을 전한다는 것이 말이 안 된다. 이렇게 사명이 적혀진 것 역시 '내 운명'이라는 생각이 든다. 어느 책에서 본 사명감에 대한 내용이 기억난다.

"사명이란, 다른 사람들이 해결하지 못한 문제를 찾아내는 것이다. 다른 사람들은 엄두도 내지 못하는 문제를 해결하는 노력이다."

일론 머스크는 이렇게 말한다.

"인생을 걸 만한 계획이나 목표가 있다면, 가장 먼저 해야 할 일은 타인이 절대 대체할 수 없는 나만의 사명을 찾는 것이다."

세상을 이끌어가는 리더들을 보면 정말 말도 안 되는 목표를 가진 사람들이 많다. 그 사람들은 적당한 크기의 문제를 고민하지 않는다. '전 인류적'인 문제들을 고민한다. 사명이 없이는 불가능하지 않을까?

'독서경영 리더 과정'이라는 교육과정이 있다. 2개월에 걸쳐서 1박 2일 집중교육과 5번 정도의 조별 코칭으로 진행된다. 당시 내가 맡은 조는 포항에 사는 이들이었다. 모두 아홉 사람이라 시간을 조율하는 게 쉽지가 않았다. 어쩔 수 없이 일요일에 조별 코칭 날짜를 잡게 되었다.

3시간 이상 진행의 코칭보다 더 부담스러운 건 차를 몰고 왕복 10시간 이상 이동해야 한다는 점이었다. 가끔은 코칭 후 너무 피곤해서 올라오는 길에 고속도로 휴게소에서 잠을 청했다가 바로 회사로 출근한 날도 있었다. 그런 내 모습이 싫을 때도 있었다. 하지만 그런 생각도 잠시였고 다시 달려갈 수 있었다. 사람들을 살리고 세상을 조금 더 행복하게 만들기 위한 사명이 있었기 때문이다.

시간이 갈수록 이 사명은 더욱 더 깊이 뿌리를 내리고 있다. 이제는 꽤 힘든 교육을 진행할수록 더 행복감과 성취감을 느끼고 있다. 다시 한 번 물어보고 싶다.

'인생을 걸어 볼 만한 것이 있는가? 그것을 통해서 세상에 나를 한 번 제대로 제공해보길 바라는가?'

《청소력》의 핵심은 이렇다.

"마이너스를 제거하는 '청소력'을 통해 나의 강점을 발견하라. 그리고 가장 빛나는 나를 세상에 제공하라."

더 늦기 전에 이 글을 읽고 있는 여러분도 자신의 인생의 '북극성', '존재가치'를 찾기를 기도한다.

knowledge, 32년 3권에서 1년 97권 읽게 된 노하우

《가시고기》, 《등대지기》, 《연탄길》.

32년 동안 완독을 했던 3권의 책이다. 그렇다. 32년 동안 달랑 3권을 읽은 삶이다. 그것도 군대에서 어쩔 수 없이 시간을 때우기 위해 읽었던 책들이다. 그만큼 내 삶 속에 책이란 존재는 의미가 없었다.

많은 사람들이 지금 독서법 강의를 하고 있는 나를 보면 신기해한다.

진짜 3권밖에 안 읽은 것 맞느냐고?

'독서를 하면 이렇게 변합니다. 그러니 독서를 많이 하세요'하고 말만 하는 변호인이 아니라, '독서를 하고 이기적인 삶에서 타인을 생각하게 되었고, 나누려는 삶을 살게 되었어요'라고 삶을 통해 변화와 성장을 보여줄 수 있는 증인이 되고 싶다.

책을 지금처럼 좋아하고 열심히 읽게 된 노하우를 이야기하고자 한다. 요약하자면 기록의 힘, 축적의 힘, 가시화의 힘이다.

독서목표 기록을 하였기에 실행을 하게 되었고, 실행한 것이 축적되면서 자존감이 많이 회복되었다. 그리고 그런 기록과 축적은 가시화됨으로써 습관으로 유지하는데 더욱 힘을 실어주었다.

독서는 정말이지 좋은 연료이다. 그 좋은 연료를 어디에 넣는지에 따라서 더 효과적으로 사용할 수 있다. 독서를 눈으로만 하는 게 아니라, 〈3P바인더〉라는 도구를 사용해서 했다. 내게 있어 바인더는 최고급 자동차였고, 그 자동차의 연료가 독서였다. 흔히 B&B(Binder & Book) 습관이라고 한다. 독서를 하고 싶다면 지금부터 B&B해보길 강력히 추천한다.

바인더라는 도구에는 독서를 더 쉽고 행복하게 할 수 있는 시스템이 여러 가지 있다.

#1 기록의 힘

이 힘을 실어준 영역이 바로 평생 독서목표 ⇒ 연간 독서목표 ⇒ 월간 독서목표 ⇒ 주간 독서목표를 적는 시스템이다. 브라이언 트레이시는 "한 해 50권의 책을 읽는 다는 것은 1권의 책을 집필하는 것과 같고 한 학기 대학교 수업을 들은 것과 같은 효과를 볼 수 있다"라고 《타임파워》에서 이야기한다.

평소에 독서에 대한 목표가 없다면 10권도 읽기 힘든 게 현실이다. 하지만 뚜렷한 목표를 가지고, 그 목표를 잘게 쪼개어서 실행을 하는 단계로까지 가져간다면 누구나 독서를 하는 힘이 길러진다.

내 평생 독서목표는 5000권이다. 그것을 50년 동안 읽을 예정이다. 그러면 한 해 평균 100권이다. 100권을 다시 12개월로 나누면 월 평균 8권 정도이다. 다시 4주로 나누면 한 주에 2권이고, 2권이 500페이지 정도라고 가정하면 하루 평균 70페이지 정도가 나온다. 즉, 평생 목표를 제대로 잡고 하루에 해야 하는 양을 계산해서 진행하면 된다. 이렇게 1권씩 읽고 목표를 달성해가는 것을 축적한다.

#2 축적의 힘

이 힘을 실어준 시스템이 '북 리스트'와 '본깨적 노트'이다. 읽은 책을 머릿속에만 저장하는 게 아니라, 읽은 책의 날짜와 저자, 출판사 등을 정리함으로써 나의 독서 히스토리가 축적이 된다. 나중에 6년이라는 시간을 통해서 그 축적된 기록은 평생 책을 읽지 않았던 나에게 '나도 독서를 잘할 수 있구나'라는 자신감을 심어주었고, 그 자신감은 시간이 가면서 자연스레 자존감을 회복하도록 도와주었다. 읽을수록 자존감이 회복되고, 자신감이 생기니 실패에 대한 두려움은 사라지고, 독서를 통해 무엇이든 할 수 있다는 마음으로 하나하나 실행해가기 시작했다.

'아는 것을 넘어 하는 것으로 넘어 갔고, 그것을 넘어 사는 것 또는 되는 것'으로의 삶으로 전환해나갔다. 책을 읽고 지식을 아는 것에서 멈추지 않고 적용하고 실행을 하면서, 삶이 책에서 얻은 귀한 깨달음들로 이루어지니 참으로 행복해지는 변화였다.

#3 가시화의 힘

가시화의 힘은 서브 바인더를 통한 시스템이다. 책을 읽고 독서노트에 정리를 한 것은 잘 들여다보지 않는다. 하지만 바인더를 통해 제대로 분류하고 축적한 노트를 잘 보이게 만들어 놓으면 언제든 그 주제에 관련된 것을 볼 수 있다. 시간이 갈수록 바인더의 양은 쌓여지고, 결국 그런 가시화된 독서가 나에겐 마르지 않는 나만의 샘물이 된다. 더구나 그 샘물을 더 좋은 물로 유지하기 위해 늘 보게 되고 채우게 된다.

독서목표를 기록하라. 그 기록을 바탕으로 실행을 하라. 그 실행한 것들을 잘 축적하라. 축적을 통한 양의 증가는 질적인 증가로 넘어갈 것이다. 그 변화로 가기 위해 습관을 유지하라. 유지하기 위해서는 잘 가시화하라. 내 눈앞에서, 머릿속에서 자꾸 의식하게 되고 생각하게 하라. 이렇게 나만의 B&B 시스템을 통해 이 책을 읽고 읽는 당신도 멋진 독서습관이 잡히길 바란다. 그러기 위해서 마지막으로 아주 중요한 팁을 주고 싶다.

이지성 작가의 《리딩으로 리드하라》에 보면 책을 읽는 가문과 읽지 않는 가문에 대한 이야기가 나온다. 그때 내게 소름 돋은 부분은 책을 읽지 않고 신을 믿지 않는 가문에서는 무수히 많은 범죄자가 양산되었다는 내용이었다. 반대로 책을 읽고 신을 믿은 가문에서는 사회적인 리더가 양산되었다. 여기에서 얻은 점이 바로 '그레이트(Great) 가문'이다.

우리 집안에 할아버지와 할머니는 독서를 하는 분들이 아니셨다. 부모님도 공무원이고 농사를 지으셨기에 독서를 하기가 쉽지 않은 환경이었다. 예전 같았다면, 우리 조부모님과 부모님이 책을 읽지 않았으니 한탄하며 넘어갔을 것이다. 하지만 그렇게 생각하지 않았다. 이상하게도 생각의 방향이 이렇게 갔다.

'나로부터 시작되는 그레이트 가문을 만들어 보자. 나부터 멋진 할아버지이자, 멋진 아버지가 되자.'

이렇게 독서를 해야 하는 나만의 이유(Why)가 생기자, 가속도가 붙기 시작했다. 열심히 하는 만큼 그것이 곧 자녀와 후손의 성장이고 행복이라는 생각으로 치열하게 읽기 시작했다. 한 권을 읽더라도 나의 손때를 묻히고 나의 생각을 적어가면서 읽었다. 그것이 자연스레 후손들에게 전해질 나의 DNA가 될 거라는 생각으로 행복하게 해나가고 있다.

어떤가? 이제 손때 묻은 양주병이 아니라, 자녀들에게 물려주고픈 유산같은 책을 한번 만들어 보지 않겠는가.

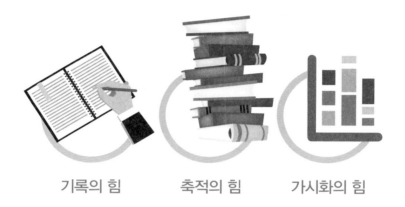

기록의 힘　　　　축적의 힘　　　　가시화의 힘

〈 제 5 장 〉

나비
독서포럼

'성장' 될 수밖에 없는 도구

전국 독서포럼 나비의 발상지,
송파구 문정동 '양재나비'

#1 비상하는 갈매기의 꿈

　대구에서 올라와 새벽 6시즈음 문을 열고 들어갔다. 문을 열고 들어
간 공간에는 새벽이 무색하리만큼 많은 사람들이 벌써 자리 잡고 있
었다. 남녀노소 할 것 없이 한 권의 책을 읽고 〈본깨적〉 독서토론을
하고 있는 모습은 충격을 넘어 경이로웠다. 당시 책과는 거리가 멀었
던 사람으로서 상상도 할 수 없는 모습이었다. 더욱 충격적이었던 건
독서모임이 2009년 7월에 시작해서 거의 한 주도 빠지지 않고 10년간
지속되고 있다는 것이었다.

　《갈매기의 꿈》이라는 책에 보면 대부분의 갈매기의 꿈은 그저 '먹
이를 먹는 것'이다. 조나단(주인공 갈매기 이름)은 다른 꿈을 가지고 있
었다. 하늘을 '빨리' 나는 것이다. 빨리 나는 꿈을 가진 조나단은 주위

갈매기들에게 핀잔을 들으며 산다.

'갈매기 주제에 도대체 무슨 말도 안 되는 꿈을 꾸는 거냐고!'

그렇게 혼자 외로이 힘든 날들을 보내던 조나단은 어느 순간 빠르게 비행하는 법을 터득하게 된다. 바로 '짧은 날개'의 비밀을 접하게 되면서다. 그 이후 자신의 능력을 초월한 비행을 하게 되고, 자신과 비슷한 '빨리 나는 꿈'을 가진 갈매기들을 만나게 되었다. 소설 속 주인공 '조나단'이 바로 내 모습인 듯했다.

대구에서 '바인더'와 '독서'를 배운다고 했을 때 주위에 많은 사람들의 싸늘한 시선을 느꼈다. 아무리 좋은 교육이라고 해도 교육비도 아니고, 차비로만 500만 원을 투자한다는 것은 상식적으로 말이 안 되기 때문일 것이다. 그럼에도 갈 수 있었던 것은 책이 아닌 사람의 힘이었다. 가족처럼 챙겨주는 사람들이 있기에 시간과 비용이 전혀 아깝지 않았다. 게다가 대구에서 왔다는 이유 하나만으로 많은 이들이 더욱 관심을 가져주고 힘을 실어주었다. 2013년 2월을 시작으로 '양재나비'에 꾸준히 참석을 하였고, 그로 인해 책만 읽었다면 더디었을 변화가 좀 더 빠르게 다가왔다.

#2 '양재나비'의 매력 3가지

'양재나비'에 포함만 되어 있어도 가질 수 있는 매력이 여러 가지 있다. 첫 번째로 '양재나비'에 참석하면 1년에 50권의 책을 읽을 수 있다. 한 주는 독서 고수들이 정한 양재나비 지정 도서를 읽고, 다른 주는 자유 도서를 통해 독서습관을 잡아간다. 참고로 시중에 나온 베스트셀러 위주가 아니라, 알려지지 않은 좋은 책, 스테디셀러(Steady seller) 위주이다. 혼자서 1년에 50권을 읽기는 쉽지 않지만, 양재나비에 참석한다면 더 이상 아주 먼 꿈은 아닐 것이다.

두 번째로 '양재나비'에서는 독서 고수들을 만날 수 있다. 독서경영 기본 과정의 핵심 콘셉트인 〈본깨적〉, 〈BES(Butterfly Effect Speech)〉, 〈K-code〉 등의 독서법을 전파하는 강규형 대표가 있다. 그리고 '양재나비'에 오랜 기간 참석하면서 저자로 발돋움 한 선배들도 여럿 있다. 각 분야의 전문가들과 매주 모여서 독서에 대해서 토론을 하다 보면, 혼자 열심히 책만 파는 상황과는 비교할 수 없을 정도로 빠른 성장을 할 수 있다. 33년간 주위에 저자는 1명도 없었지만, '양재나비'에 참석한 이후로 거의 30명 이상의 저자들과의 교류를 하게 되었다. 이 또한 '양재나비'의 매력이다.

마지막으로 '양재나비'에는 멋진 프로그램들이 있다. 1년 중 시작은 신년회 행사를 하면서 연간 목표를 잡는 시간을 갖는다. 5월이 되면 1년의 하프 타임을 맞이하여 단무지(단순, 무식, 지속) 독서캠프를 간다. 전국에 있는 수백 명의 독서를 좋아하는 이들이 모여 '떼독서'를 진행한다. 2박 3일동안 밥이나 집안일 하지 않고 책에만 푹 빠질 수 있기에 만족도는 상상을 초월한다. 연말이 되면 애플 씨드 페스티벌이라는 이름으로 한 해의 성과를 돌아보는 시간을 갖는다. 그리고 송년회를 끝으로 한 해를 정리하는 시간을 보낸다.

이런 굵직굵직한 행사 사이에 수많은 저자특강이 열린다. 책을 읽기만 하는 것보다는 책의 저자를 직접 만나 특강을 들어 보고, 저자와 사진을 찍거나 사인을 받는 경험은 독서에 새로운 맛을 느끼게 해 준다.

처음에 시작할 때는 서울 양재동에 있는 사무실에서 진행했기에 '양재나비'라는 이름으로 진행했다. 지금은 서울시 송파구 문정동으로 이사를 했다. 그럼에도 '양재나비'라는 호칭을 쓰는 이유가 있다. 바로 기를 '양(養)', 인재 '재(才)', 즉 인재를 기르는 모임을 뜻한다. 독서를 통해서 성장하는 좋은 방법은 누군가의 성장에 기여하는 것이다. 그야말로 인재를 육성하는 것이다.

성장하고 싶은가? 그렇다면 오라!

'양재나비로!'

5월 5일은 어른이날,
단무지 독서캠프

"날아라 새들아 푸른 하늘을 달려라 냇물아 푸른 벌판을 오월은 푸르구나 우리들은 자란다. 오늘은 어린이날 우리들 세상."

어린 시절 5월만 되면 전국에 울려 퍼졌던 노래. 하지만 5월은 더 이상 어린이날이 아니다. 왜 그러냐? 이야기를 한번 들려주겠다.

2013년 5월 19일.

애마, '스파크(Spark)' 차를 몰고 대구에서 양평 코바코(Kobaco) 연수원으로 달려갔다. 전국에서 75명의 사람들이 모였다. 무엇을 하려고? 바로 '단무지 독서캠프'를 치르기 위해서였다.

#1 책만 3일 동안 읽는다?

'단무지!'

단순, 무식, 지속적으로 2박 3일 동안 책만 읽는 독서캠프다. 책을 제대로 읽기 시작한 지 3개월도 안 된 나에겐 신세계도 이런 신세계가 없었다. 당연히 아는 사람도 직원 몇 분밖에 없었고, 뻘쭘한 상황으로 첫째 날은 그냥 독서만 했다.

다음 날이 되니 얼굴을 알게 된 이들도 생겼고, 잔디밭에서 축구를 하며 함께 땀을 흘리면서 조금씩 마음의 문을 열었다. 다들 95kg의 육중한 사람이 날아다니는 모습을 보면서 연신 감탄을 해댔다. 그렇게 사람들과 친해진 이후 남은 시간 제대로 '사람책'을 읽는 귀한 시간을 보냈다.

'비전'

단무지를 통해서 '비전'의 힘을 보게 되었다.

예화를 하나 들어 보자.

자식에게 나무를 베어오도록 하기 위해 부모가 하는 행동은 2가지로 나뉠 수 있다. 한쪽 부모는 자녀와 함께 산에 간다. 그리고 자녀에게 나무를 베는 모습을 보여준다. 한 마디로 방법을 알려주는 것이다. 다른 부모는 산으로 가지 않는다. 의아하게도 그들이 간 곳은 바다이다. 바다로 가서 넓은 대양을 직접 눈으로 보게 한다. 그러면 자녀는 스스로 바다로 가기 위해서 배가 필요함을 느끼고, 그 배를 만들기 위해서 나무를 베러 산으로 가고 싶어진다.

2013년 혼자서 참석했던 단무지 독서MT!
대한민국 독서혁명을 이끄는 독서를 사랑하는 사람들과 함께 성장하고 있다.
500명이 넘는 사람들 앞에서 독서나눔을 진행하는 말도 안 되는 꿈이 이루어진 날!!
단순 무식 지속!! 단무지 독서MT! 당신과 함께하는 날을 그려 본다.

#2 말로 하면 잔소리, 보여주는 것이 '비전'

공감하는 표현이다. 첫 회 참석을 통해서 독서모임의 큰 비전을 보았고, 2013년부터 올해 2018년까지 계속 참석하고 있다. 나의 성장은 단무지의 역사와도 궤를 같이 한다. 처음에는 참석자로서 그저 독서하는 재미를 느끼는 차원이었다.

2014년에는 강원도에 있는 '강원랜드'에서 750명 규모로 진행을 했다. 전년도에 참석한 이후 동기부여를 받아서 작게 나비 독서모임을 만들었다. 거기에서 파생된 독서모임이 대구에만 20개가 넘을 정도로 확산이 되었다. 그렇게 대구, 경북에 있는 거의 100명에 가까운 사람들과 함께 참석해 감동의 시간을 보냈다. 작은 방에 50명이 함께 둘러앉아서 같이 행복하게 이야기를 나눈 시간은 아직도 잊을 수 없다.

2015년에는 5월에 '3P자기경영연구소'에 입사를 하여, 단무지 독서캠프에 직원으로 참석을 했다. 2016년에도 참석하였고, 2017년에는 인생 최초로 유료강의를 단무지 무대에서 선보였다. 무려 150명 넘는 선배들이 뜨겁게 호응을 해주었다.

2018년에도 어김없이 단무지 독서캠프가 진행되었다. 벌써 9회 차다. 2013년에는 혼자서 외롭게 참석했던 나였지만, 2018년도에는 500명과 함께 진행한 《청소부 밥》의 주제 강연자로 나서게 되었다. 또 많은 이들을 행복한 시간으로 이끄는 '단무지 페스티벌'도 진행했다.

어릴 적부터 늘 무대에 서고 싶다는 꿈을 그리며 살았다. 그 꿈은 나만의 성장을 생각했을 때는 기회가 잘 오지 않았다. 그런데 놀랍게도 나를 향했던 초점을 타인에게 돌리는 순간, 말도 안 되는 기회로 다가왔다. 그래서 이렇게 더 선한 영향을 끼칠 인생의 순간을 맞이하게 되었다.

1년이라는 시간을 두고 보면 5월은 전반기를 보내고 후반기를 준비하는 중요한 하프 타임이다. 가족들과 함께 5월은 단무지 독서캠프에 참석하는 어린이만을 위한 날이 아닌, 어른들을 위한 날로 가져 보길 추천한다.

'5월은 어른이날 단무지 독서캠프 가는 날~~.'

<나비 독서모임>
사례

#1 같이의 가치

어디서 많이 들어본 표현이다. 지금은 N금융사의 슬로건이지만, 2013년에는 이 슬로건이 없었다. 몇 사람의 마음 맞는 이들과 함께 만들었던 대구 최초의 나비 독서모임 '같이 가치나비'를 표현하는 말이다.

2013년 단무지 독서캠프를 다녀온 후 아무것도 모르고 가진 것도 없었던 내가 독서모임을 만들었다. 혼자만 성장하고 성공하고 싶지 않았다. 그래서 만든 독서모임이 바로 '같이 가치나비' 독서모임이다. 처음엔 독서모임을 함께할 사람이 없었다. 그래서 백방으로 다니면서 함께할 수 있는 사람을 찾았다. 당시 대구에서 자기계발을 하면서 알게 된 몇 명의 강사들 4명과 작게 시작했다.

첫 모임은 동대구역 역사에 있는 미팅룸에서였다. 그야말로 초라한 시작이었다. 그렇게 한 회씩 진행하면서 조금씩 인원이 모이기 시작했고, 시간이 지나서 좋은 장소를 얻게 되었다. 어느 순간 15명~20명이 모이는 모임으로 성장하기 시작했다. 당시의 경험을 바탕으로 독서모임을 시작하려고 하는 사람이 있다면 팁을 주고 싶다. 독서모임을 오래도록 제대로 운영하기 위해서는 아래 내용을 참고하면 분명히 도움이 될 것이다.

#2 독서모임 운영 노하우 3가지

첫째, 회장이 돋보이는 모임이 아니라, 참석자가 돋보이는 모임이 되어야 한다. 어느 모임이라도 회장이 자신의 권세를 드러낼 경우 그 모임은 오래 지속하기 힘들다. 이렇게 이야기할 수 있는 이유는, 쓴 실패를 경험해 보았기 때문이다.

당시 나름 열심히 섬기고 모임을 위해 노력했지만, 받아들이는 이들의 생각은 달랐다. 내가 너무 독선적이고, 자리를 남용한다는 느낌을 받았다. 존경하는 멘토가 정말 걱정스러워하면서 전화까지 해줄 정도였다. 20분 가까이 통화를 했는데 핵심 내용은 그렇다.

"회장은 드러내는 자리가 아니라, 드러나는 자리입니다. 더 낮아지고, 더 겸손하고 많이 섬길수록 본인이 드러내지 않아도 드러날 테니 조금만 더 욕심을 줄이고 모임을 운영해보세요!"

순간 마음이 상했지만, 완전히 틀린 말이 아니었기에, 바로 집행부를 6명으로 늘리고, 가급적 모임에 미니 특강을 제외하고는 많이 드러내지 않았다. 그로부터 아직까지 모임이 진행되고 있으니 분명 "비온 뒤에 땅이 굳어진다"라는 말은 맞는 말이다. 당시 함께한 운영진이었던 윤지영(총무), 김용식(2대 회장) 선배가 있었기에 지금처럼 꾸준히 잘 진행되는 모임이 될 수 있었다. 너무나 감사하다.

둘째, 새로 온 이들이 잘 적응하도록 챙겨주어야 한다. 예전에 대구에 있는 다른 독서모임에 간 적이 있다. 생각보다 기존 회원들 간의 관계가 무척 끈끈했다. 평소 어울리는데 부담이 없는데도 말을 걸기가 쉽지 않았다. 자연스레 다음 모임에 나가지 않게 되었다. 비단 그때 모임뿐 아니라, 어느 모임이라도 처음 가는 자리는 낯설고 불편하다. 그때 처음 온 사람의 마음을 읽어주고 챙겨주면 지속적으로 참석을 하게 된다.

그래서 모임을 진행했을 때 갓 나비라는 제도를 만들었다. 새롭게 참석한 이를 '갓 나온 나비 회원'이라고 명명하고, 모임이 끝나기 전 전체 앞에서 본인을 소개할 수 있도록 자리를 마련했다. 더불어 모임에 나온 사람들과 식사를 하면 더 좋다. 당시 독서모임을 진행하는데, 주머니 사정이 넉넉지 않아서 회원들에게 식사 한 번 제대로 대접하지 못했다. 이 부분에 있어서 지금도 너무나 감사한 사람이 있다. 그때 당시 중학교 2학년인 아들 김범주 군과 함께 나온 김규석 선배다.

첫 인상은 그리 편하지 않았지만, 같이 식사를 하면서 생각보다 소탈하고 회원들을 잘 챙겨주는 모습에 마음을 열게 되었다. 김규석 선배는 모임 이후에 회원들에게 거의 매주 식사를 대접했다. 특히 새로 온 이들에게 정성을 다했다. 처음에 분위기를 잡는데 가장 큰 도움을 준 이가 바로 김규석 선배라고 해도 과언이 아니다.

마지막으로, 독서모임에서 독서만 하면 안 된다. 독서모임은 단순히 책을 읽는 모임이 아니다. 참석한 20~30명의 사람책을 읽는 게 더 중요하다. 한 사람 한 사람의 삶이 곧 책이고, 그들의 인생을 통해 책에서 얻는 지식과 정보보다 훨씬 더 많은 것을 얻을 수 있다. 그리고 어딜 가나, 친해지려면 시간과 경험을 공유해야 한다.

2시간 독서하고 토론하고 헤어지는 반복적인 모임으로는 부족하다. 함께 식사도 하고, 여행도 가고, 때론 책을 출간한 저자를 불러서 특강도 진행하면 좋다.

'고인 물이 썩듯이, 늘 같은 패턴의 모임이라면 회원들이 두 번 세 번 올 이유가 없다.'

최초 모임을 시작했을 때, 초대할 수 있는 저자가 없었다. 그래서 한 사람의 저자라도 초대하기 위해 더욱 열심히 뛰어다녔다. 적극적으로 DID(들이대)하여 《성과를 지배하는 바인더의 힘》 강규형 대표를 시작으로 《마지막 1%정성》의 송수용 대표, 《10분 경영》 김형환 교수를 초빙했다. 독서모임에 저자나 강사를 초빙하는 일은 쉬운 일이 아니었다. 그럼에도 시도한 이유가 있다.

살아 있는 사람 책, 그중에서도 저자들을 통해 열정적으로 변하는 회원들의 모습을 보고 싶었기 때문이다. 2013년 어느 날 양재나비에서 처음으로 저자 특강을 경험했을 당시의 내 모습처럼.

학생들의 착한 반란 – 안산 경안고 '경안나비'·안양여상 '키우미나비'

#1 대한민국 고등학생 독서 현실

'8.8권'

2017년 기준 대한민국 고등학생들의 1년 독서량이다. 1달에 1권을 채 읽지 못한다. 나는 고등학교 시절 공부를 잘하는 학생은 아니었다. 성적을 기준으로 하면 늘 20등 정도 하는 학생이었다. 만약 다시 고등학생으로 돌아간다면, 다른 건 다 제쳐 두고 독서 하나만은 미친 듯이 할 것 같다.

왜냐하면 남들이 다 하고 있는 공부로는 승부를 보기 힘들기 때문이다. 그야말로 '레드오션'이다. 반면에 독서는 너무나 '블루오션'이다. 경험상 30~50권 정도의 제대로 된 독서는 사람의 문리(文理)를 트이게 하고, 생각하는 힘을 많이 향상 시켜준다.

학생 때 공부를 잘하지 못했음에도 불구하고, 지금은 좋은 대학교,

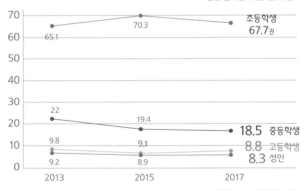

한국인의 독서량

연간 곧서량 기준. 단위:권

	2013	2015	2017
초등학생	65.1	70.3	67.7권
중등학생	22	19.4	18.5
고등학생	9.8	9.1	8.8
성인	9.2	8.9	8.3

자료 : 문화체육관광부

2017년 대한민국 고등학생들 독서량

좋은 고등학교를 다니는 학생들에게 독서 멘토링 또는 강의를 하고 있다. 하면서도 참 신기하다는 생각을 많이 한다. 분명 공부로는 알려줄 상황이 아니었는데, 이렇게 남과 다른 분야인 독서법, 그것도 남과 다른 방식의 〈본깨적〉이라는 방식으로 꾸준히 하다 보니 많은 사람을 도울 수 있는 자리에 오게 되었다.

이런 경험이 있어서인지, 유독 고등학교에 독서법 강의를 가면 마음가짐이 달라진다. 부디 나와 같은 실수를 덜하기를 바라는 마음이다. 만약 자신이 공부를 정말 좋아하고 잘할 수 있다면 그렇게 하면 된다. 그렇지 않다면, 정말 독서를 제대로 하는 것을 권하고 싶다.

많은 강의 중 큰 변화를 하고 있는 2곳의 고등학교 이야기를 전해주고 싶다.

#2 안산 경안고 '경안나비'

안산에 있는 '경안고등학교.'

경안고등학교는 체계적인 진로, 플래닝, 독서, 기업가 정신교육으로 학생들에게 미래 역량을 길러주어 언론에 자주 소개되고 있는 학교이다. 그러나 처음부터 독서교육이 잘된 것은 아니다. 2016년 10월에 경안고의 최원, 곽충훈 선생님께로부터 연락이 왔다. 학교에 독서모임을 만들고 싶은데, 업무량이 많아서 도저히 교사들의 힘만으로는 모임 개척이 어렵다는 내용이었다. 독서 컨퍼런스를 개최해서 독서에 대한 동기부여를 한 후에 독서모임을 개척할 예정이라고 하셨다.

독서 컨퍼런스는 총 여덟 번으로 나누어 진행되었다. 한 번 진행할 때마다 4개 반을 통합해서 진행했다. 대상은 고등학교 1, 2학년 학생으로 전체 32시간 동안 이들에게 독서법을 알려줘야 했다.

아직도 생생한 게, 남학생과 여학생이 함께 들어오는 반이나, 여학생으로만 이루어져 있는 수업은 그래도 진행할 만했다. 두 번 정도는 남학생만으로 이루어진 반이 있었는데 정말이지 힘들었다. 고등학교 1, 2학년이면 반항심도 가장 많고, 머리도 굵은 상황이기 때문에 어지간해서는 편안하게 수업을 진행하기에 한계가 있었다.

강의를 하다가 생각했던 것보다 반응이 시큰둥해서 나도 모르게 언성을 높였다. 순간 나의 고등학교 시절이 떠올라서 그랬다. 이 소중한 4시간을 그냥 잠을 자거나 흘려버린다면, 이 친구들은 계속해서 의미도 잘 모르고, 옆 친구랑 비교하면서 공부라는 쳇바퀴에 몸을 맡겨야 했기 때문이다. 그래서 총 여덟 번을 강의하는데 순간순간 혼을 담아서 강의를 했다.

여덟 번의 강의가 끝나고 학생들이 주도적으로 진행하는 '나비 독서모임'에 신청자가 100명을 넘어섰다. 금요일 그것도 아침 7시부터 진행하는데, 자발적으로 모이는 학생의 수가 100명을 넘는다니……. 듣고 보고도 믿을 수 없는 광경이었다. 동기부여를 돕고자 3번 정도 독서모임에 특강을 진행했는데 학생들의 눈빛이 살아 있었다.

분명히 학생들은 독서를 할 수 있다. 자신의 생각을 잘 표현할 수 있

매주 한 시간 반 '함께 독서'로 아이들이 달라진 사연

경안고 선생님의
고고플래닝

지난 5월 29일자에 소개한 '본깨적(책을 읽은 뒤 본 것, 깨달은 것, 적용할 것을 찾아서 정리하는 독서법)에 대해 많은 분들이 관심을 보여주셨습니다. 특히 학교 안에서 책을 읽는 문화를 만드는 방법에 대해 많이들 궁금해하시더군요. 이번 주에는 현재 경안고등학교에서 운영하고 있는 '경안나비(나비로부터 비롯된다)'는 줄임말) 독서모임을 소개해드리고자 합니다.

경안나비는 매주 금요일 아침 7시부터 8시30분까지 진행합니다. 이른 아침부터 무려가지만 평균 120여명이 참여하고 있습니다. 경안고 모든 학생에게 열려 있는 모임으로, 독서를 통해 생활·학습 면에서 변화·발전하고자 하는 학생이라면 누구나 참여할 수 있습니다.

경안나비는 매주 학생이 당면한 삶의 문제를 책을 통해 해결하고, 자신을 성장시키는 것을 목적으로 두고 있습니다. 따라서 독서나눔 시간에 함께 읽는 책들도 흔히 말하는 '필독서 100권' 등에서 고르지 않습니다. 아이들 본인의 삶에 실제 영향을 받았다고 생각하

는 책 위주로 선정하고 있습니다.

경안나비에 참여하려면 매주 책 한 권을 본격적인 방법으로 읽은 뒤, 모임 시간에 책 내용을 함께 공유해야 합니다. 모인 학생들은 보통 한 테이블에 6~8명 정도 앉아 하나의 모둠을 꾸립니다. 해당 테이블에서 읽은 책에 대한 이야기를 나누고, 전체 학생들 앞에서 발표하는 방식으로 운영합니다.

'테이블 리더'를 맡은 학생의 사회에 따라 책에서 인상 깊었던 내용, 자신의 삶에 적용하고 싶었던 아이디어를 친구들과 공유하고 그 뒤 모둠에서 발표를 희망하는 학생 가운데 5~6명을 선정해 전체 발표를 진행합니다.

전체 발표가 끝난 뒤에는 담당 교사들이 책의 핵심을 정리해주는 '원 포인트 레슨'을 이어갑니다. 책의 핵심을 한 가지로 정리하여, 아이들 삶에 적용할 수 있는 아이디어를 제공해주는 것이지요.

경안나비에서 이루었던 '성과를 지배하는 바인더의 힘」, 「실행이 답이다」, 「베이스캠프─지식세대를 위한 서재 컨설팅」 등은 제가 교사로서 성장하는 데 도움을 받았던 책들이었습니다. 학생들에게도 제가 적용했던 사례를 제시해서 독서 및 몰입독서 그리고 건강관리 습관 등을 형성할 수 있도록 조언을 해주었습니다.

지난해 5월 26일 학생들이 경안고 천진도서관에서 경안나비 독서모임에 참여하고 있다. 한 학생이 책을 읽고 깨달은 점, 자신의 삶에 적용해 변화된 모습을 발표하고 있다.

경안나비에서는 한 학기에 한번, 함께 읽은 책의 지은이를 초청하는 특강도 엽니다. 입시 교육이 최우선일 것만 같은 고등학교에서, 아침 7시에 '저자 특강'을 진행한다는 사실에 다들 놀라워합니다. 여기 참여한 지은이들은 이른 시간에 학생들이 독서 나눔을 하기 위해 모인다는 것에 또 한번 놀라고, 아이들이 자발적으로 '지적 심리적 성장'에 대한 갈급함을 느끼며 꾸린 모임이라는 점에 감동합니다.

책을 통해 변화된 학생은 자신의 친구들을 모임에 데리고 옵니다. 최근 경안나비에 왔던 2학년 박수민양은 "중학교 때까지

독서가 너무 싫었는데, 경안나비를 통해 꾸준히 책을 읽게 되면서 삶이 크게 변화될 수 있었습니다. 모임을 통해 작년 한 해 동안 86권의 책을 읽을 수 있었습니다"라고 소감을 말했습니다. 지금은 엘에스피(LSP) 토요학교(진로, 플래닝, 기업가정신 교육과 선후배 멘토링 문화를 통해 학생들의 미래역량을 키워주는 경안고 특성화 프로그램, 5월29일치 기사 참조)와 경안나비 모임 멘토로 활동하며 후배들의 성장을 위해 노력하고 있습니다.

학교 혁신의 가장 중요한 주체는 학생이라고 생각합니다. 경안고에서는 많은 학생들이 경안나비와 엘에스피 토요학교를 통해 멘토 선배들과 만나고 있습니다. 선배들을 통해 변화된 학생들은 학급에 가서 친구들에게 자신이 배운 플래닝과 독서 방법을 알려주며 함께 성장하는 학교 문화를 만들어 내고 있습니다.

감과를 잡지 못하는 입시 정책으로 많은 학생들이 힘들어합니다. 이럴수록 더욱 한 것은 아이들의 '자기 경영' 역량을 길러주는 것이라고 확신합니다. 그 역할은 '책 읽는 학교 문화'를 통해 가능하리라 생각합니다. 읽고, 나누고, 서로 공감하고 격려하는 학교 분위기 속에서 아이들은 '진짜 성장'을 경험할 것입니다.

▶ 글·사진 곽충훈(완산 경안고 교사)

'경안나비' 관련 기사, 한겨레신문 2018.06.19.(화)

'경안나비' 독서리더 양성 모임, 오른쪽 위부터 곽충훈 교사, 최원 교사, 김진회 교장선생님

다. 단지, 그럴 여유가 없었고, 그럴 환경이 주어지지 않았을 뿐이다.

시간이 흘러 지금도 경안고의 소식을 접하고 있다.

'경안나비'라는 이름으로 진행되고 있는데, 담당이신 곽충훈, 최원, 이선경 교사 그리고 학생들이 똘똘 뭉쳐서 지금은 엄청나게 탄탄한 모임으로 발전하고 있다.

대부분의 학교에서는 독서의 중요성을 알고 학생들에게 독서교육을 진행하고 있다. 그러나 대부분은 반짝하다가 끝나는 경우가 많다. 곽충훈 선생님에게 경안고 독서모임의 성공요인을 문의해 보았다. 선생님은 "열정적인 독서리더 그룹을 양성한 것과 LSP프로그램(진로, 플래닝, 독서, 기업가 정신 교육과 선·후배 멘토링 문화를 통해 학생들의 미래 역량을 키워주는 경안고 특성화 프로그램)을 통한 동반성장의 문화를 조성한 것이 독서모임 운영을 성공으로 이끌었다"라고 말했다.

경안고에서는 이미 플래닝 멘토링을 통한 동반성장의 문화가 학교 전체에 퍼져 있었다. 이러한 문화적 토양이 있었기에 '경안나비' 시작 후에는 독서를 통한 동반성장의 문화가 쉽게 확산될 수 있었다고 하였다. 또한 플래너를 활용한 시간관리가 잘된 학생들이 많기에 독서하는 시간적 여건도 마련할 수 있다고 강조했다.

그러나 내가 생각하기에는 '경안나비'가 성공적으로 진행될 수 있는 가장 큰 원동력은 교사들인 것 같다. 운영 담당교사들은 〈본깨적〉 방법으로 매년 50여 권의 책을 읽고 삶에 적용하며 성장하고 있는 이들이다. 학생들은 선생님들을 통해 자신의 미래의 성장한 모습을 명확히 그릴 수 있기에 더욱 열정적으로 독서에 임할 수 있게 되는 것 같다.

독서를 하면 사람은 변할 수 있다. 그것도 한 살이라도 더 젊을 때 일수록 유리하다. 그래서 학창 시절 독서는 너무나도 중요하다. 지금도 잘하고 있지만, 경안고 학생들의 지속적인 발전과 성장을 기원한다.

#3 안양여상 '키우미나비'

지금 이야기하는 친구들은 더욱 독서와 동떨어진 친구들이었다. 바로 '안양여상 키우미' 친구들이다. '키우미'라는 의미는 크게 2가지이다.

첫째, 생각 키움. 책읽기 활동을 통해 독서의 중요성과 방법 습득을 한다. 그리고 생각하기, 말하기, 듣기 훈련을 통해 자기표현 및 의사소통 능력을 향상시키는 것이다.

둘째, 꿈 키움. 자신만의 바인더 작성 성취 경험을 통해 자존감 증가와 학업 동기 향상을 한다. 포트폴리오 작성, 꿈 스케치 및 실전훈련을 통해 구체적인 진로 준비 및 목표 설계도 하는 것이다.

이런 목적을 가지고 있었기에 처음 모임을 시작했을 때 학생들을 무작위로 뽑지 않았다. 한 명씩 개별면담을 통해 인터뷰를 실시했고, 꽤 까다로운 조건을 통과해야 참석할 수 있었다. 2일 동안의 독서법 강의 후 멘토 교사 1명과 멘티 학생 8명이 한 조를 이루어 2달간 진행이 되는 상황이었다.

#4 편견을 깨다

독서교육을 진행할 때 만해도 머릿속에 편견이 있었다.

'여상 학생들이 과연 책을 읽을까? 독서에 관심이나 있을까?'

신기하게도 4시간 동안 지금까지 경험했던 어떤 교육생보다 진지하고 적극적이었다. 학생들이 평소에 책을 안 읽은 게 맞나 싶을 정도로 메모도 잘했고, 토론도 엄청 활기차게 진행되었다. 교육 시작 전 학생들에게 이렇게 이야기했다.

"지금까지 옆에 있는 사람, 나보다 잘하는 사람과 경쟁하면서 살아오지 않았나요? 그렇게 경쟁하면 넘버원이 될 수 있는 사람은 딱 1명밖에 안 될 거예요. 그러면 너무 안타까울 것 같아요. 그래서 오늘 배우는 이 독서법을 한번 열심히 해볼 필요가 있을 것 같아요. 다른 사람들은 이런 방법이 있는 줄도 모르기 때문이죠. 남과 다른 온리원(Only 1)의 방식으로 한다면 달라질 수 있어요. 다른 사람과 비교하는 게 아니고, 어제의 내 모습과 비교하는 것이죠. 우리 친구들에게 기회가 왔습니다. 다만 그 기회를 흘려버릴 수도 있고, 잡아서 제대로 성장할 수도 있습니다. 선택은 우리 친구들이 하는 것입니다."

다행스럽게도 공감을 한 친구들이 많았고, 4시간의 수업 이후 학생들은 독서에 대해서 제대로 동기부여를 받았다. 학생들은 이후 충남 공주에 가서 자체적으로 단무지(단순·무식·지속) 독서캠프를 진행했

세상이 정해 놓은 순위 말고, 우리가 정하는 순위로 가고 싶다.
우리는 독서를 못하는 게 아니라, 즐겁고 제대로 하는 방법을 아직 몰랐을 뿐이다.
세상으로 나래를 펼쳐갈 멋진 키우미들과 함께 더 멋진 대한민국을 그린다.

선생은 가르치는 사람이 아니라,
먼저 살아가는 사람이다.
누구보다 제대로 힘들이 본 삶을 살아봤다면,
당신보다 힘든 누군가에게
큰 위로를 전해줄 자격이 있다.

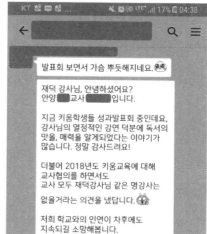

다. 〈풀꽃〉이라는 시로 유명한 나태주 시인을 만나서 저자와의 대화를 나누며 살아 있는 책읽기를 진행했다.

2개월이 지나서 멘토 교사 중 담당선생님이 연락을 주셨다. 너무나 감동적이라고 하시면서 보내온 카톡은 이런 내용이다.

"재덕 강사님 안녕하셨어요? 지금 키움 학생들 성과 발표회 중인데요, 강사님의 열정적인 강연 덕분에 독서의 맛을, 매력을 알게 되었다는 이야기가 많습니다. 정말 감사드려요. 더불어 2018년도 키움 교육에 대해 교사협의를 하면서도 교사 모두 재덕 강사님 같은 명강사는 없을 거라는 의견을 냈답니다."

독서를 통해 사람들이 변화하는 모습을 보면 정말 가슴이 설렌다. 독서의 참맛을 느끼는 사람들이 생기면 미쳐서 더 열심히 하게 된다. 더군다나 학생들의 변화는 정말이지 눈물 나도록 감사하다. 자신의 삶 속 주인공이 자신인지도 모르고 하는 공부에 휘둘리지 않고, 주인답게 살아가기 위한 방향을 잡을 수 있도록 도와주는 독서! 혹시라도 이 책을 읽고 있는 학생들이 있다면 꼭 이렇게 이야기해주고 싶다.

"남과 비교해서 넘버원(No.1)이 되려 하지 말고, 남과 다른 온리원(Only 1)이 되기 위해 노력하라! 그대답게!"

기업 독서경영을 통해 나비가 되다 —— '(주) 이롬플러스나비'

"늦었다고 생각할 때가 가장 빠른 때이다."

교육회사에 있다 보니, 교육생들로부터 가장 많이 듣는 표현 중 하나이다. 배움에는 특정한 시기가 없다고 생각한다.

#1 지금이 가장 적기

"늙는다는 것은 나이 드는 게 아니라, 배움을 포기하는 순간 시작된다."

책의 어느 구절에서 본 말이다. 나이가 지긋하신 분들이 이런 표현을 하기도 하지만, 중학생이나 고등학생들도 독서에 대한 교육을 받으면 비슷한 느낌의 이야기를 한다.

"이걸 조금만 더 빨리 알았다면 인생이 좀 더 잘 풀렸을 거라고."

배움에 있어서 나이가 중요하다는 생각을 가끔 하기도 했다. 하지만 이들과의 만남을 통해 그 생각이 철저하게 바뀌게 되었다.

'황성주 생식'으로 유명한 주식회사 〈이롬 플러스〉의 식구들이다. 처음 교육을 하러 갔을 때 사실 충격이었다. 대부분 어머니와 비슷한 연배였기 때문이다. 그분들 앞에서 독서에 대한 교육을 한다는 게 좀 어색했다. 하지만 어색함도 잠시, 교육이 시작하자마자 그분들이 보여주신 열정 덕분에 기존에 가지고 있던 수강생의 나이에 대한 편견은 완전히 바뀌었다.

2017년 11월부터 2018년 4월에 걸쳐 경기도와 경상남도 지역의 대표급 교육생들과 '기업 독서경영' 프로그램을 진행했다. 8시간 동안 〈3P 바인더〉를 활용해 자기관리 하는 방법을 배우는 '셀프리더십 3P 프로 과정'을 먼저 수강한 후 '독서경영 기본 과정'을 통해 독서하는 방법을 배웠다. 이후 2달에 걸쳐 4권의 책을 읽고 '기업 독서경영' 독서모임을 진행했다. 책을 그저 눈으로만 읽는 게 아니라, 책의 핵심을 보고, 나의 언어로 재생산해서 깨달음을 나누고, 책 속 중요한 내용을 적용하는 기업 맞춤형 독서모임이다.

모임은 부산 센텀스퀘어에 이롬 플러스 영남 본사에서 진행되었다. 울산, 부산, 대구, 창원 등 영남권 전역에서 모이셨다. 40~50년을 살아오면서 자녀들 결혼시키고 뒷바라지를 한다고 당신들의 성장에는 신경 쓸 시간이 없었다. 그런 인생의 선배들에게 비록 나이는 어리지만 이렇게 말씀드렸다.

"선배님들, 지금까지 누군가의 어머니로, 누군가의 아내로 열심히 살아오셨습니다. 하지만 이제부터는 그 누구도 아닌, 인생의 진짜 주인공인 자신을 위해서 살아가시면 좋겠습니다. 단순히 책을 읽는 것이 중요한 것이 아니라, 독서를 통해 나의 내면을 들여다보고, 지금까지 열심히 살아온 자신을 위로하고 격려해주는 시간을 가지시면 좋겠습니다."

나이도 별로 안 된 것 같은 젊은 남자가 독서에 대한 이야기를 한다고 했을 때 조금은 경계하는 눈빛이었다. 하지만 함께하는 분들이 행복해지기를 진심으로 바랐다. 그리고 도와드리고 싶었다. 한 번뿐인 삶 속에서 독서를 통해 진짜 자신을 만나는 기쁨을 만끽하도록 말이다. 마음이 전해지니 실행력은 엄청난 속도로 올라갔다.

독서를 하는 방법은 여러 가지가 있다. 우선 눈으로 읽는 독서가 있다. 가장 초급 단계의 독서다. 다음 단계가 손으로 읽는 독서가 있다. 핵심 내용을 책의 상단에 작성해보고, 내 생각을 여백에 적어 보면서 하는 독서다. 눈으로만 읽는 것보다 훨씬 더 기억이 오래 남는 방법이다. 위의 방법들은 혼자서 하기에 적당한 방법들이다. 개인적으로 독서의 효과를 제대로 보기 위해서는 혼자가 아닌 함께하는 독서를 추천한다. 그래서 가급적 독서모임을 만들어 보길 추천한다. 일명 '나비 독서모임'이다.

' 나비'란 '나로부터 비롯되는'의 약자이다. 개인의 성장을 위한 독서도 필요하지만, 제대로 성장하기 위해서는 타인의 성장을 돕기 위한 이타적인 마음이 필요하다. 그렇게 만들어진 독서모임에는 유익한 점이 많다.

#2 독서모임의 유익

첫째, 리더십이 향상된다. 독서모임을 만든다고 사람들이 많이 온다고 생각하면 착각이다. 사람들이 오고 싶은 마음이 들도록 멋진 리더십을 발휘해야 한다. 갈수록 향상되는 리더십을 체험할 수 있을 것이다.

둘째, 책을 보는 안목이 달라진다. 리더로서 진행을 하다 보면 아무래도 책에 대해서 조금 더 신경을 기울이게 되고, 책을 더 깊게 또는 다른 관점으로 읽게 된다. 거룩한 부담감이 생기기 때문에 성장할 수 있는 상황이 된다.

마지막으로, 책 읽는 습관이 잡힌다. 가끔은 책을 읽지 않고 참석할 수도 있지만, 오는 이들에 대한 예의가 아니라는 생각이 들어 가급적 한 권의 책을 읽고 가려는 마음이 생긴다. 해보면 알지만, 혼자서 독서하는 습관을 잡는 것은 말처럼 쉽지가 않다. 하지만 나와 비슷한 사람들과 함께 독서모임을 하다 보면 긍정적인 마음과 서로 배려하고 아껴주는 마음이 자연스레 생겨 독서 시너지가 생긴다.

#3 성장될 수밖에 없는

나 역시 대구에서 나비 독서모임을 진행했었다. 1년 반이라는 짧지 않은 시간 동안 2주에 한 번씩 독서모임을 진행했다. 그전까지만 해도 32년 동안 3권을 읽었던 나였다. 하지만 독서모임을 진행하면서 성장하는 속도가 눈에 띄게 달라졌다. 함께 독서교육을 받았던 동기들을 1~2년이 지나서 만날 때마다 나의 달라지고 있는 모습을 보며 궁금해했다. 지금에서야 밝히지만, 2주에 한 번씩 독서모임을 진행하기 위해 사람들을 모으고, 좋은 책을 골라서 읽고 정리하고, 오는 이들이 더욱 만족하고 행복할 수 있도록 이타적인 마음으로 준비를 했던 시간이 성장의 원동력이었다.

이런 경험을 바탕으로 독서법 강의를 할 때 늘 강조하는 것이 바로 '나비 독서모임의 리더가 되는 것'이다. 교육생들은 고개를 절레절레 흔든다. 자기가 어떻게 독서모임을 진행하느냐고. 반면에 소수의 교육생들은 부족하지만 시작을 한다. 그때 동기부여가 되도록 해주는 표현이 있다.

"깃발 먼저 꽂아라. 그러면 자연스레 사람들이 모여들 것이다."

나의 독서 멘토인 강규형 대표가 독서모임을 시작하려는 나에게 해준 말이다. '이롬 플러스'에 선배들과 3개월에 걸친 교육을 마치고 가끔씩 연락을 드리곤 한다. 그때 무엇보다 행복한 순간은 어떤 분이 '나비 독서모임'을 시작했다는 이야기를 전해줄 때다. 독서를 통해서 한 사람이 변하는 것도 중요하지만, 더 많은 사람들이 변할 수 있는 독서모임이 만들어지는 것은 더 중요하다.

'양산나비', '양산중앙나비', '화명나비', '울산혁신나비', '창원디쎄아나비', '연산시청나비', '부산단 건강지혜센터나비', '두실나비' 등 독서만 해도 대단하다고 생각했던 이들이 만든 독서모임들이다.

대한민국에 더 많은 나비 독서모임이 생김으로써 더 많은 이들이 독서를 통해 진정 행복한 인생의 주인공으로 거듭나길 기원한다.

'나이는 숫자에 불과하다. 그 나이를 뛰어넘는 방법은 다름 아닌 타인에게 얼마나 영향력을 끼치려고 노력하는가, 그러기 위해서 얼마나 배움을 추구하는가'라는 자세를 갖는 것이 아닐까?

'이롬 플러스 나비'가 지금처럼 발전할 수 있게 첫 씨앗을 심어준 어용희 이사와 임승윤 차장에게 진심으로 감사드린다. 미국까지 '이롬 플러스나비'가 날아가게 힘써준 이은희 대표 외 이롬 플러스 모든 선배들과 함께 성장하는 건강한 기업문화를 만들어 나가고 싶다.

Only 1, No.1, First 나비 독서모임

#1 소모임 대 마왕 '창원나비'

현재 전국에 500개 가까운 나비가 멋지게 날개짓을 하고 있다. 그중에서도 오랜 기간 유지되고 있거나, 특징이 있는 나비를 소개하고 싶다.

2016년 9월 10일 첫 오리엔테이션 모임을 시작으로 현재 50회(2018. 9. 24 기준)를 진행한 모임이 있다. 바로 경남 '창원나비'다. 지학운 리더를 바탕으로 매번 모일 때마다 50명에 가까운 회원들이 나오는 탄탄한 모임으로 자리 잡고 있다. '창원나비'는 다른 나비에 비해 소모임이 엄청나게 활성화되어 있다. 간략하게 소개를 하고 싶다.

첫째, 나비러너스(Run us+Learn us)

지덕체를 겸비한 모임이 되고자 건강에도 관심이 많은 이들이 매주 일요일 새벽 5시30분~7시30분까지 2시간 달리기 모임을 하며, 각종 마라톤 행사에 참석하고 있다. '경주 신라의 달밤 걷기 대회'에는 14명의 회원이 함께 참석하기도 했다. (30km / 66km)

두 번째, 하얀 나비

《타이탄의 도구들》 책을 읽고 아침 루틴을 나누는 모임으로 '하얀 나비'라는 이름은 100일 프로젝트 '백(白)'을 흰색으로 해서 정해진 이름이다.

셋째. 저기요(적으면 기적이 이루어 지는 요기)

〈3P바인더〉 소모임으로 3P바인더를 작성하는 선배님들끼리 수요일, 일요일 두 차례에 걸쳐 인증샷을 올리고 한 달동안 꾸준히 작성한 선배님들에게는 작은 선물을 제공하고 있다. 이런 소모임들이 활성화된 결과 20명의 나비 회원들이 공저한 책 '책으로 날다'를 세상에 내놓게 되었다.

앞으로 경남지역 나비의 구심점이 될 '창원나비'를 응원한다.

· 회장 지학운 : 010-5635-5579

#2 나도 테이블 리더가 된다, 대구 '꿈벗나비'

대구 동대구역 인근에 위치한 대구의 '꿈벗나비'. 2015년 1월 10일 1회를 시작으로 무려 90회에 걸쳐 진행이 되고 있는 모임이다. 다른 나비 모임과는 다르게 매년 조별 테이블을 진행하는 마스터가 지정이 되고, 독서모임 시작 전 30분간 모여 그날의 독서모임 관련 회의를 진행한다. 회장을 맡고 있는 박대호 대표는 2013년 나와 함께 대구에 독서와 바인더 부흥을 이끈 열정 덩어리 리더다. 그로 인해 창원, 부산, 울산 등 영남 지역에 〈3P바인더〉와 독서포럼 나비를 접하게 된 이들이 셀 수 없이 많다.

한 달에 한 번은 '꿈벗나비' 회장인 박대호 대표가, 한 번은 해당 테이블 마스터가 책의 중요한 핵심 포인트를 전하는 원포인트 레슨을 진행한다. 그리고 서브바인더를 활용하여 매번 소식지, 책 관련 정보들과 나눔지를 정리하고 있기에, 모임을 통해 자신만의 독서기록이 축적되어 간다. 자연스레 본인만의 독서 포트폴리오가 만들어지는 환경이 구성되어 있다. 대구에서는 쉽게 접하기 힘든 저자들의 특강을 2, 3개월에 한 번씩 진행하며, '양재나비'에서 1년에 한번 씩 진행되는 단무지(단순 · 무식 · 지속 독서MT)를 지역 단무지 행사로 진행하고 있다.

· 회장 박대호 : 010-2756-2892

#3 서울산 380Km, '희수자연학교나비'

교육을 진행하다 보면 기억에 오래 남는 이들이 있다. 그중에 직장에 멋진 독서모임을 만들어 운영하고 있는 이를 소개하고 싶다. 처음 본 순간부터 남다른 원장이었다. 지금도 변함없이 울산에서 서울까지 자가용을 몰고 오는 열혈 원장, 백승미 원장이다. 그녀와는 '3P 코치 과정'과 '3P독서경영 리더 과정'을 통해 알게 된 인연이다. 독서모임을 만들어 운영하면서 리더를 양성하고 있다. 그녀는 자신의 업에서 전문가가 되기 위한 방법을 배우는 '3P독서경영 리더 과정'에는 사비를 털어 본인 포함 3명이 참석할 정도로 독서광이다. 비용이 200

만 원이 넘는데도 불구하고 백 원장의 열정은 남달랐다. 그렇게 할 수 있었던 것은 백 원장의 철학 때문이다.

그녀는 교사들을 교육하는 여러 방법 중 가장 효과 있는 게 독서라고 판단했다. 이후 2015년 당시 매월 1권씩 책을 읽고 토론을 하다가 2016년에는 매월 3권이라는 부담스러운 분량의 독서를 제안했다. 반발을 예상하여 독서에 대한 수당까지도 제안했다. 한 교사는 '원장님 정치하실 건가요? 좋은 일해서 표몰이 하시려구요?'라는 당돌한 표현까지 해가며 항의하기도 했다. 그때 백 원장의 부탁으로 '희수자연학교나비'에 가서 독서법 특강을 진행했다. 380Km를 뚫고 서울에 올라오는 열정에 보답하고자 회사의 지원을 받아 내려갔다. 이후 교사들은 놀랍게 변하여 항의 대신 열독을 시작했다.

2017년 교사들은 자발적으로 학부모 독서모임을 제안하여 희수자연학교 학부모 독서모임이 3개나 생겨났다. 2018년 당돌했던 그 교사는 희수자연학교 교사 모임을 더 확대하여 울산 어린이집 교사 독서모임을 시작했고, 울산 지역 원장 독서모임도 벌써 2개나 생겨났다.

교사 나비로 어렵게 시작해, 부모 나비를 넘어 원장 나비까지 만들어 선한 영향력을 끼치고 있는 백승미 원장과 희수자연학교를 응원한다.

#4 영어학원 학생들의 '우주나비'

전라남도 광주 화순이라는 시골에 있는 '우주나비'. 영어학원이지

독서를 통해 직원들의 내적 동기를 끄집어 내면 불가능한 일이 점점 줄어들게 된다.
꾸미지 않아도 아름다운 것은 외적인 아름다움보다 내적 아름다움일 확률이 높다.
가르치는 사람들의 내면이 아름다워진다면,
그곳에 오는 아이들은 참 행복할 것이다.
자연과 하나 되는 아이들을 키우는 희수자연학교!

영어학원에서 영어공부만 하고싶지 않다.
남과 다른 방법으로
남과 다른 성장을 하는
우주를 호령할 '우주나비' 학생들과
강은영 원장의 나비 독서모임!

만 뭔가 독특하고 차별화된 학원경영을 운영하고 싶다는 생각에, 강은영 원장은 강점인 바인더와 독서법을 결합한 모임을 학원 아이들을 대상으로 만들었다. 일주일에 한 번 추천도서를 읽고 와서 〈본깨적〉 독서법으로 나눔을 하고, 적용한 것은 온라인 단체 톡방을 이용해서 매일 피드백을 하고 있다.

일반 논술학원과는 확실히 차별화된 독서법이기에, 학부모들의 만족도도 높고, 학생들도 이 모임을 너무 즐거워하고 기다린다.

아이들이 그냥 읽고만 끝나는 독서가 아니라, 행동으로 이어지는 독서를 하고 있기에 기존에 영어공부에만 집중하는 분위기와는 사뭇 다르다. 학생들이 본깨적 독서법을 실시한 후로 자신의 생각과 스토리를 부모님과 나누는 등 학생들이 부모와의 대화의 폭이 넓어졌다는 피드백도 많이 들려온다. 광주 화순이라는 작고 조용한 곳이지만, 이곳에 있는 학생들은 어느 지역보다 긍정적이고 열정적이다. 내일의 인재가 되기 위해 바인더와 독서라는 멋진 무기를 장착하며 오늘도 성장하고 있는 '우주나비' 학생들이 대한민국 학원가에 좋은 롤모델로 자리 잡길 바란다.

호모 툴러스
(Homo Toolers)

우리는 '어쩌다 도구'로 살아간다

한우리 독서논술, 조종민 교사

–초심과 정성, 〈3P바인더〉라는 도구로 디테일에 집중하다

#1 수줍게 다가오다

2013년 무렵, 온라인 채널인 〈카카오 스토리〉를 참 열심히도 했다. 교육을 받고 책을 읽고 소소한 성장의 과정을 가감 없이 담고 싶었다. 그렇게 열정과 정성을 다한 삶을 멋지게 바라봐준 사람들이 있었다. 그중에서도 참 감사한 사람이 있다. 어김없이 '3P자기경영연구소'에 교육을 받으러 왔는데, 한 남자가 조용히 다가와서는 악수를 하자고 손을 내밀었다.

"정말 꼭 한번 뵙고 싶었습니다."

당시엔 강사도 아니었고, 저자도 아니었다. 그런 나를 이렇게 인정해주는 그의 말이 지금도 생생하게 떠오른다. 온라인(On-line)에서 비춰진 모습에 너무 큰 동기부여가 되어서 '한번 보고 싶었다'는 조종민 리더. 그와의 첫 만남은 그랬다.

대구에 살던 시기에 그는 경기도 수원에 살고 있어 만날 연이 없었다. 하지만 이날 이후로 우리의 함께 성장은 시작되었다. '독서경영 리더 과정'과 '3P바인더 마스터 강사 과정'을 이수한 이후 승승장구하는 선배를 보면서 참 흐뭇했다. 20명으로 시작해서 조금씩 성장하던 그에게 연락이 왔고, 강사 과정을 밟을 것인지에 대해서 고민을 했다.

나 역시 여유 있는 상황에서 시작한 과정들이 아니었기에 진심을 다해 경험을 전했다. 그는 진행하기로 선택했다. 교육비를 내기 위해서 결혼예물과 반지 등을 팔았다. 나중에 알고 나서 너무나 안타깝고 마음이 불편했다. 어떻게 하면 이분이 제대로 성장할 수 있을까? 사실, 내가 할 수 있는 건 별로 없었다. 꾸준히 연락하고 가끔씩 도움 될 책 몇 권 추천해주는 정도였다.

#2 바닥에서 다시 오르다

시간이 흘러 70명까지 늘었던 학생이 갑자기 30~40명 정도 수준으로 곤두박질쳤다. 위기를 직감하고 서로 바쁜 시간을 쪼개어 만났다. 얼굴을 본 순간 감이 왔다. 일이 안 되는 게 아니라, 마음이 흐트러진 느낌이었다. 그렇게 다시 서로 격려하고 소통하면서 종민 선배는 두 단어를 깊이 새겨갔다. 그때가 2017년 늦가을의 만남이었다.

2018년 7월 27일 밤 11시 6분에 한 통의 전화가 왔다. 한껏 들뜬 목소리를 통해 전해온 말은 이랬다.

"마스터 님 20명으로 시작해서 제가 3년 전에 목표했던 '100명의 원생'을 달성했습니다."

듣는 순간 너무나 기뻤다. 아니 너무나 감사했다. 누구보다 힘들게 준비한 걸 알기에, 누구보다 외로운 싸움이었던 걸 알기에 그저 감사한 마음으로 축하해드렸다.

이틀이 지나서 만났다. 궁금했다. 도대체 불과 반 년 만에 어떻게

명품은 한땀 한땀 정성을 들인 결정체이다.
투박한 손으로 한땀 한땀 아이들의 지적 호기심을 자극하고,
습관을 잡아주고자 노력하는 지극한 '정성'이 보인다.
시스템을 통한 '초심'을 잃지 않으려는
한 남자의 애절한 마음도 보인다.

그렇게 성장할 수 있었는지.

그는 두 권의 책을 보여주었다. 《핑크펭귄》과 《절제의 성공학》이
었다. 특히 《핑크펭귄》에 많은 글귀 중에서 두 문장을 늘 가슴에 새
겼다고 한다.

'고객의 생각을 생각하라.', '무의식적으로 의식하게 하라.'

그리고 《절제의 성공학》에서는 작은 성공에 취해 있는 본인의 마
음을 돌아보게 해준 소중한 글을 만났다고 한다.

'진정으로 성공을 못하는 이유는 작은 성공에 취해 술과 고기를 즐
기고, 혼신을 다해 일할 마음이 없기 때문이다'라는 내용이었다.

이 귀한 내용들을 적용하려고 노력했고, 원에 오는 학생들을 위한
바인더를 만들어주었다.

#3 초심과 정성

100권의 바인더 속을 보니, 학생들이 성장을 하게 될 때 줄 선물들
을 하나하나 정성으로 준비했다는 것이 느껴졌다. 바인더 속에 잘 분
류된 섹션에는 학생들의 손때 묻은 '독서감상' 및 '생각노트'가 있었
다. 세상의 흐름을 느낄 수 있는 신문을 보고 깨닫고 적용하는 '신문
본깨적'도 실행한 모습도 보였다. 정성이 들어간 내용 하나하나를 통
해 그의 마음이 고스란히 보였다.

이렇게 성장한 그는 스승인 강규형 대표에게 소중한 책 한 권과 짧
은 편지를 보냈다. 편지 속에 그의 성장이 담긴 두 글자가 숨어 있다.

"적금과 결혼예물을 팔아가며 교육 과정을 들었을 때 과연 옳은 선택이었을까? 하는 불안감도 들었지만 그 불안감이 확신이 들고 확신이 자만으로, 그 자만이 다시 초심과 정성의 감정을 겪어 이제야 계획했던 목표에 도달하게 되었습니다. 지금부터 시작한다는 생각으로 초심과 정성 잊지 않고 정진하겠습니다. '3P자기경영연구소'를 만났던 것이 제 인생 최고의 행운인 것 같습니다."

누구보다 가진 것 없이 시작한 그의 성장에 진심으로 박수를 보내고 싶다. 그리고 더욱더 아이들에게 멋진 독서교육을 할 수 있도록 함께 성장하길 기원한다. 이 글을 읽고 있는 여러분도 가슴에 두 단어 꼭 새기면 좋겠다.

'초심!'과 '정성!'

국가대표 온라인 마케팅 전문가, 박진영 마케터
– Less and Better, 〈본깨적 독서〉라는 도구로 핵심에 집중하다

#1 얼굴값 하는 남자
평소에 잘 생긴 남자들을 싫어했다. 그냥 괜히 내 모습이 초라해지는 느낌이 있어서 그랬다. 적당히 잘 생긴 남자들에게는 이런 느낌이 조금 들지만, 완전 잘 생긴 사람을 보면 아예 그런 생각을 안 한다. 그

냥 '참 잘 생겼다!'하고 감탄을 한다. 보는 순간 감탄하게 된 사람이 마케팅 전문가 박진영 씨다. 처음 본 그의 모습은 그랬지만, 시간이 흘러 계속 만나고 있는 지금 생각은 이렇다.

'얼굴보다 마음이 더 미남! 그야말로 심(心)남!'

혹여 이 글을 보시는 분들이 나중에 이 친구를 보게 되면 동의할 것이다. 진영 씨와의 만남은 정말 뜬금없었다. 교육생과 교육하는 강사로 만났지만, 서로 얼굴보고 이야기할 일이 별로 없었다. 사실 너무 잘 생겨서 말을 별로 걸고 싶지도 않았다. 그렇게 교육이 끝나고 시나브로 기억 속에 사라지고 있었다.

그러던 어느 날, 우연히 들어가게 된 그의 인스타그램을 보고 깜짝 놀랐다. 수많은 팔로워들이 있고, 뭔지 모를 전문가 느낌이 났다. 순간 든 호기심을 가지고 말을 걸었다.

'진영 씨 잘 계시죠?'

'네, 마스터 님도 잘 계시죠?'

이런 어색한 인사를 하고 그냥 나도 모르게 약속을 잡았다. 솔직히 그의 노하우가 궁금했고 갑자기 그의 삶이 궁금해졌기 때문이다. 흔쾌히 약속을 받아준 덕분에 며칠이 지나 카페에서 만났다. 우리의 주제는 '인스타그램(Instagram)'이었다. 그때 의견을 건네보았다.

"인스타그램에 해시태그(#)는 단순히 해시태그라고 생각하기 보단 우물 '정'(#)이라고 생각해요. 아프리카에 우물을 파주면 그 우물에 많은 사람들이 모여들듯이, 이 우물을 파면 그 쪽에서 생명의 기적이 일어납니다. 그리고 우물에 이름을 붙이면 그 우물을 이용하고 싶은 사람들이 모이게 되죠. 내가 관심 있는 분야, 키워드에 우물을 판다는 마음으로 활용한다면 그냥 단순한 해시태그의 개념으로만 생각하지 않을 것 같습니다."

어떻게 보면 좀 억지스런 표현이지만, 진영 씨는 연신 고개를 끄덕이면서 맞장구를 쳐주었다. 본인도 그렇게 생각하고 있었다는 것이다. 그뿐 아니라 오랜 시간 나눈 이야기 속에서 '겉모습은 서로 다른 것 같았는데 속모습이 많이 닮았구나'라고 생각하게 되었다. 오랜만에 본질을 들여다보길 좋아하는 사람을 만나서 참 행복했다.

#2 호기심, 관심, 진심

그렇게 서로에 대한 호기심이 관심이 되었고, 그 관심은 자연스레 진심으로 연결되었다. 서로 진심으로 도움을 주려는 마음으로 2주에 한 번 씩 만남을 갖기로 했다. 진영 씨는 나에게 SNS와 블로그에 대해 개인 코칭을 해주었다. 어디서도 들을 수 없는 귀한 조언들이 많았다. 좋은 걸 하나라도 더 주려는 그의 진심이 느껴졌다. 나 역시 나의 재능을 조금이라도 나누고 싶었다.

만날 때마다 내 삶에 큰 도움을 준, 하지만 그에게 더 도움이 될 만한 책을 선물해주었다. 그 책을 왜 선물하는지, 그리고 어느 부분이 도움이 될지를 꼭 표시해주고 그 자리에서 읽어주었다.

'책을 선물할 때 자기가 좋아하는 책도 좋지만, 그가 좋아할 만한

책을 선물해주기.'

책 선물을 하게 될 때 내가 지키는 규칙이다.

신기한 건, 그렇게 추천해준 책은 그가 그렇게 해결하고 싶던 문제들을 푸는 해답이 나와 있는 경우가 많았다는 것이다. 선물해준 책을 그야말로 '씹어 먹은' 그는 만남을 거듭할수록 눈빛이 달라졌다. 원래는 얼굴만 잘생겼던 사람이 눈빛도 잘생겨지고 마음까지 잘생겨지니 겁이 났다. 그렇게 그를 만난 지 10개월의 시간이 지났다.

처음 만나서 이야기를 나눈 시점에는 재능기부로 코칭을 해주느라 매출이 거의 없었던 그였다. 그런데 불과 10개월 사이에 20배 이상의 매출을 올렸다. 단순히 매출이 오른 것 보다 더 중요한 건, 그의 모습에서 전에 보이지 않았던 무한한 자신감이 보였다는 사실이다. 궁금해서 물어본 내게 진영씨가 해준 이야기는 이랬다.

"선배님이 추천해주신 책을 만나기 전에는 욕심이 많아서 다양한 서비스를 제공하고 있었습니다. 무료강의는 물론 컨텐츠 제작, SNS 대행 서비스, 동영상 제작, 심지어 디자인 작업까지 하고 있는 상태였어요. 일은 늘어날수록 몸은 피곤해지고 회사는 계속 적자가 나는 상황이었습니다. 그런데 선배님께서 추천해주신 《원씽》을 읽고 나에게 '가장 중요한 한가지'가 뭘까, 깊은 고민을 했어요. 그 결과 고객들로부터 가장 높은 만족도를 느끼게 해주는 '단 하나' 가 'CEO코칭'이라는 것을 깨달았습니다.

이후 CEO를 대상으로 온라인 생태계를 쉽게 이해시켜주면서 회사에 적용할 수 있는 마케팅 기획에만 몰입했습니다. 코칭을 받은 CEO들은 빠른 성과로 만족도가 올라갔고 자연스럽게 저의 교육이 입소문이 나기 시작했습니다. 감사하게도 지금은 전국을 돌아다니며 CEO를 대상으로 강의와 코칭을 하고 있습니다. 선배님께서 추천해주신 책이 아니었다면 지금의 저는 없었을 거에요..”

그랬다. 그의 현 모습 이전에는 다양한 방면의 사람들이 모두 고객이었고, 많은 서비스를 전부 소화하려고 했다. 하지만 다 잘하려는 마음을 내려놓고 본인의 강점인 코칭에만 초점을 맞추면서부터 폭발적인 성과를 불러왔다고 했다. 그를 통해 많은 CEO들이 업무에 바로 적용할 수 있는 코칭을 받았다. 만족도 또한 높을 수밖에 없는 것이다. 그렇게 입소문이 나자, 소개를 받아가면서 코칭에 더욱 매진하게 되었다고 한다. 불과 10개월만의 변화임이 믿겨지지 않았다. 나 역시 진영 씨와의 만남을 통해 36년간 운영해왔던 블로그를 과감히 삭제하고 다시 시작했다. 글 쓰는 관점을 바꾸라는 그의 단 한마디가, 말도 안되는 충격으로 다가왔기 때문이다.

“블로그를 잘 하기 위해서는 내 관점의 글을 쓰면 안 됩니다. 고객의 관점으로 쓰는 것도 부족해요. 제대로 된 글을 쓰기 위해서는 〈네이버〉의 관점에서 글을 쓰는 게 중요합니다.”

앞으로가 더욱 기대되는 건 얼마 전부터 함께 프로젝트를 진행했다는 사실이다. '온라인 독서 문화'를 전파하기 위한 프로젝트인데, 현재 '독서경영 리더 과정'에서 진행하는 〈몸 본깨적〉을 오프라인뿐만 아니라 온라인에 공유하는 시스템이다. 참여하는 이들이 각자 책을 읽고 중요하게 생각하는 부분을 재독하면서 사고를 확장할 수 있으며, 서로 인상 깊게 생각하는 페이지를 공유할 수 있다는 장점도 있다.

그가 스스로 독서를 통해 인생을 변화시켰듯, 많은 사람들이 독서를 통해 변화하길 바라는 마음으로, 늘 최선을 다하는 진영 씨를 응원한다

《내가 얼마나 만만해 보였으면》의 전대진 작가
— 이타적인 이기심, '독서포럼 나비'라는 도구로 타인에 집중하다

#1 예승이 프로젝트

'덩치도 산만하고 목소리는 왜 그렇게 중저음 보이스(Voice)가 강한지, 도대체 저분은 몇 살이지?'

멀리서 느껴지는 느낌은 최소 40살 이상이고, 웃음소리는 매우 호탕했다. 2016년 처음 만났을 때 전대진 리더의 첫인상이었다. 정말 믿을 수 없을 정도로 연륜이 느껴졌다. 나이는 20대 중반이었지만, 무슨 일인지 그의 말과 행동에는 뭔가 모를 묘한 기운이 흘렀다. '3P바인더 코치 과정'에서 처음 만난 그와 2개월 동안 진하게 삶을 나누었

다. 해병대 출신이었던 그는 군대에서의 추억을 정리하면서 잊고 살았던 과거의 자신을 만나는 소중한 경험을 했다. 그리고 그 삶 속에서 본인의 강점을 고민하기 시작했다. 그래서 시작했던 게 바로 '예승이 프로젝트'였다.

그가 배운 〈3P바인더〉라는 도구는 '미완성'의 상태이다. 거기에 자신의 기록과 자료와 마음이 더해지면 그것이 진정한 '완성'이 된다. 그렇게 미완성의 상태인 예승이(예비 승무원)들에게 자신이 가진 것을 나눠주고 싶었다. 중요한 건 그가 나눠줄 수 있는 게 거의 없다는 점이었다.

'거의 없음에도 불구하고 아낌없이 주다.'

대진 씨를 떠올리면서 생각해 본 표현이다. 대진 씨는 없는 환경이나 주변을 탓하지 않았다. 자신이 가진 강점을 고민했다. 지금은 너무나 유명한 'SNS작가'가 된 그는 평소 페이스북이나 인스타그램에 네임스토리(사람들의 이름 세 글자를 딴 삼행시를 지어 만든 스토리 포토)를 선물해주기로 유명하다. 무려 30만 명에 가까운 팔로워(Follower)가 있을 정도로 영향력이 크다. 지금은 그렇지만, 처음엔 아무것도 없던 그가 그런 정성을 다한 노력으로 많은 이들에게 공감을 일으키고 감동을 전했다.

그러던 중 예승이들에게 꿈을 꿀 수 있는 기회를 주고 싶어 현직 승무원 선배들에게 진심을 다한 마음으로 다가갔다. 그분들을 위한 네

임포토와 예승이들과 함께 준비한 한 권의 스토리 바인더를 만들어 전했다. 그 선물을 받은 선배들은 형언할 수 없는 감동을 받았고, 예승이들을 위해 기꺼이 멘토링을 해줬다.

#2 '내가 얼마나 만만해 보였으면'

대진 씨가 2년의 노력 끝에 책 한 권을 냈다. 《내가 얼마나 만만해 보였으면》이라는 제목의 책이다. 평소 그의 생각에 손글씨를 더해서 올린 인스타그램의 내용이 한 권의 책으로 묶였다. 그렇게 작가가 된 그의 강의를 들으면서 또 한 번 심금을 울리게 되었다. 평소 따르는 멘티가 많았는데 그중의 한 멘티의 문자에 펑펑 울었다고한다.

내용은,

"저라는 사람도, 꿈을 가져도 되나요?"

세상에서 가장 소중한 존재인 나란 존재. 그 소중한 존재가 자신이 원하고 바라는 꿈을 가져도 되는지에 대해 두려워했다. 그 사실에 너무나 마음 아파했다. 그 친구들을 위해서, 어린 나이지만 평소 멘티들을 딸, 아들이라 부르고 멘티들은 자연스럽게 그를 '아빠'라 부른다. 그 또한 부모에게서 따뜻한 사랑을 많이 받아 보지 못했기에 그 마음을 더 잘 안다. 그래서 그토록 그들을 아끼고 꿈을 이루도록 도움주고 싶어 하는 것이다.

지금의 그를 보면서 대단하다 생각할지 모른다. 하지만 지금까지 그가 살아온 과정을 알면 지금은 그리 대단하지 않을 정도다. 아직도 그의 강연이 생생하다.

#3 하늘은 타인을 돕는 자를 기꺼이 돕는다

'독서경영 리더 과정' 교육에서 책을 읽고 스스로 준비한 강의를 하는 시간이 있다. 웬일로 말끔히 차려입고 온 그의 모습. 비장하게 강의를 시작했다. 시작한 지 5분 만에 사람들은 얼어 버렸고, 마지막 10분이 지난 시점에는 숨소리조차 들을 수 없었다. 이 자리에 오기 위해 강의하는 당일 새벽까지 막노동을 해서 서울에 오는 차비를 마련했다는 것이다.

부족한 것 없어 보이고, 전혀 티를 안 내었기에 몰랐다. 늘 이렇게 '거의 없음'에도 얼른 자신이 성장해 사랑하는 멘티들에게 '아낌없이' 전해주고 싶어 했다. 그의 SNS에 있는 글귀 중에 이런 글이 있다.

"갖지 못한 것에 대한 실망보단 이미 가진 것들에 감사하고, '다 가진 사람'처럼 살기."

지금은 더 많은 사람들에게 영향력을 전하고 있는 대진 씨. 사람이 성장하면 최초의 모습을 잊거나 잃는다. 하지만 그는 달랐다. 크게 도움준 적 없는 내게도 수시로 안부 전화를 하고, 스승의 날에는 작은 선물이라도 보내려는 마음을 보여주었다. 어느 날 왜 이렇게까지 타인을 돕고 희생을 하느냐고 물어봤다. 그의 답변이 그의 삶을 대변하고 있었다.

"하늘은 스스로 돕는 자를 돕는다잖아요. 근데요 마스터 님~! 하늘은 타인을 돕는 자를 기꺼이 돕습니다. 그래서 그래요."

늘 사람들에게 넘치는 감동을 전하는 그가 사람들에게 제작해주는 네임 스토리(Name Story). 볼 때마다 더욱 커질 대진 씨의 영향력이 그려져 너무나 기대된다.

재난과 환란, 그 어떤 어려움 속에서도 오히려 기뻐
즐거이 노래하며 하루를 살아온 당신. '책'이라는
우주를, '삶'이라는 연필로, '관계'라는 종이 위에
하루하루 써내려 가고 정리하는 당신의 정리력이
모든 이들에게 선한 영향력을 끼치며

덕을 세우는 일임을, 그리고 누군가에겐 어둠과 폭압같은
현실 속에서 한 줄기 빛이 되어 '소망'을 주는 일임을
기억하세요. 당신의 인내와 성김, 오랜시간
연단의 과정들이 또 하나의 열매로 맺혀 돌아오길
축복하며 기도합니다.

SoulmateUB , 재덕

And endurance develops strength of character, and character
strengthens our confident hope of salvation. (Rom 5:4)

당신이 내 이름을 불러준 순간 나는 '꽃'이 되었다.
당신이 내 이름을 꾸며준 순간 나는 '의미'가 되었다.
의미 있는 존재를 만들어 내기 위해
열심히 생각에 몰두하고 있는 전대진 작가
이름을 짓고 있는 것 같지만,
한 사람의 인생을 짓고 있는 라이프 건축가!

이젠 '함성', '정성', '행성'이다

#1 Special Thanks

어쩌다 마치는 글까지 왔다. 2017년 12월, 이은대 대표를 통해 '책 쓰기 수업'을 들었다. 교육 내내 가슴이 뜨거워지는 표현을 너무 많이 해주셨다. 그중에서도 가장 인상 깊었던 표현이 있다.

"내가 쓴 책을 보고 한 사람이라도 인생이 변하고 바뀔 계기를 줄 수 있다면, 그 이유 하나만으로도 책을 쓸 충분한 이유가 있다. 그리고 책을 쓰면 본인이 그 한 사람이 되어주겠다."

그렇게 중간 중간 지치고 포기하고 싶을 때마다 힘이 되어주셨기에 지금 이렇게 마무리를 할 수 있다. 그리고 정말 생각지도 못한 분이 '어쩌다' 이 책을 위해서 열심히 도와주셨다. '독서경영 리더 과정'에서 교육생으로 만났던 서보영 디자이너다. 바라는 것도 많고, 늘 재촉했음에도 불구하고 한 번도 불만을 표시하지 않고 최선을 다해 함께 해주셨다. 다시 한번 너무 감사드리고 싶다.

출판을 위해서 물심양면 지원해주신 감사한 분이 또 있다. 그저 단순히 한 권의 책을 출판하는 게 목적이 아니라, 이 책을 쓸 사람이 얼마나 세상에 공헌하고 영향을 줄 수 있는지를 보려고 노력하는 분. 40년 가까이 출판업계에 머무르셨다는 말씀과는 다르게 너무나 수더분하고 얼굴에 '선함'이라는 단어가 보이는 분. 책의 전체 구성과 차례를 정함에 있어서 정성으로 귀 기울여주시고 함께 고민해주신 분. 태인문화사 인창수 대표. 2018년 10월 22일 세 번째 만남에서 '기적'을 만났다. 가장 중요한 제목을 고민하고 있던 우리에게 한 가게의 간판이 눈에 들어왔다.

그저 운명이라는 생각밖에 안 들었다. 그래서 이 책이 탄생할 수 있었던 것이다. 다시 한번 마지막까지 고민하고 힘써주신 인 대표께 너무나 감사를 드리고 싶다.

서울에 입성하기 전 보험 설계사를 하면서 만난 많은 고객 분들이 계셨기에 지금의 내가 있을 수 있었다. 지지해주시고, 격려해주시고, 고객으로 인연이 되어 주셨던 분들께 진심으로 감사드린다. 더불어 함께 일했던 동료 분들, 매니저, 지점장님들께도 감사드린다. 특히, 김명해 매니저와 강미정 매니저. 서운화 지점장, 보험 설계사가 책과 바인더에 빠져서 늘 걱정하게 해드린 점 지면을 빌려 사과드리고 싶다. 그리고 인생의 시련과 위기 때마다 도움주신 김홍걸 교수, 김형환 교수, 송수용 대표, 정진일 대표, 최광렬 목사, 이정열 대표 등 한 분 한 분 진심으로 감사드리고 싶다.

6년이라는 시간 동안 '될 수밖에 없는 도구들'을 만났다. 참으로 행복한 만남이었다. 만약 도구들만 가지고 다녔다면 지금처럼 성장하기는 힘들었을 것이다. 도구를 통해 성장하는 방법을 이렇게 새롭게 워딩하고 싶다.

#2 '정성, 함성, 행성'

〈3P바인더〉라는 것을 쓰는 것은 생각보다 어렵다. 단순히 다이어리를 쓰는 것은 누구나 할 수 있지만, 인생의 자서전을 쓴다는 마음으로 하루하루 정성을 다해 사는 것은 아무나 할 수 없다. 그렇게 정성스럽게 성장하는 법을 배웠다.

〈본깨적〉과 〈독서포럼 나비〉를 통해 처음에는 혼자 성과를 내고 성공하려고 했다. 신기할 정도로 더욱 힘들어졌다. 늘 하는 말처럼 제대로 된 사명은 타인에게 유익을 끼치는 삶이라는 개념을 이해하고 바뀌기 시작했다.

그때부터 '함성'이 시작되었다. 함께하면서 성장하는 법을 배웠다. 〈독서〉와 〈정리력〉, 〈3P바인더〉라는 교육을 통해 많은 분들을 만나게 되었다. 회사에서 진행되는 〈3P바인더〉를 사용하는 법으로 인생에서 성과를 낼 수 있는 '3P 셀프리더십 프로 과정', '코치 과정'. 살아 있는 책읽기를 통해 제대로 독서하는 방법을 배우는 '독서경영 기본 과정'과 '독서포럼 나비'를 만들고 진행할 수 있는 기술과 노하우, 매뉴얼을 배우는 '독서경영 리더 과정'. 이런 과정에서 만난 교육생들과 여러 코치, 마스터, 독서 리더 선배님들과 함께 성장하는 법을 배웠다.

〈정리력〉을 통해 본질을 보려고 노력했다. 많이 보려고 하는 것을 멈췄다. 많이 하려는 것을 멈췄다. 그리고 들여다보았다. 덜 중요한 것을, 덜 소중한 것을 버리기 시작했다. 줄이기 시작했고, 나누기 시작했다. 남은 것이 눈에 보이기 시작했다. 본질적인 것, 핵심에 가까운 것들이 드러나기 시작했다. 무엇을 해야 할지가 명확해지니 행동으로 옮기기가 쉬워졌다. 그렇게 행동하면서 성장하는 법을 배웠다.

《어쩌다 도구》를 만나 '정성, 함성, 행성'하면서 변화할 수 있도록 기회를 주신 '3P자기경영연구소'를 아껴주고 사랑해준 수많은 독서리더, 3P코치, 3P마스터 분들께 감사드리고 싶다. 인생의 소중한 멘토인 강규형 대표님, 류경희 이사님을 비롯하여 세상에 선한 영향력을 전하기 위해 오늘도 노력하고 있는 '3P자기경영연구소' 식구들! 진심으로 감사드리고 싶다. 그중에서도 2013년 1월 26일 1회성 교육으로 끝나지 않게 끈을 잡아준 인생의 구세주 장주영 팀장에게 '살려줘서 고맙습니다'라는 말로 감사의 인사를 전하고 싶다.

　힘든 시기 늘 옆자리에서 큰 도움을 주고 있는 OA스페셜리스트 전규현 코치에게도 감사드린다.

　마지막으로 이렇게 세상에 나와 행복한 삶을 살게 도와주신 부모님과 사랑하는 가족들, 사랑스러운 아들 준후에게 감사드리며 글을 마치고 싶다.

이재덕 Dream

| 참고문헌

1. 팀 페리스, 《지금 하지 않으면 언제 하겠는가》, 토네이도, 2018

2. 벤저민 하디, 《최고의 변화는 어디서 시작되는가》, 비지니스북스, 2017

3. 헤르만 헤세, 《데미안》, 민음사, 2000

4. 요코미네 요시후미, 《4개의 스위치》, 토트, 2010

5. 마쓰다 미쓰히로, 《청소력》, 나무한그루, 2007

6. 전성수, 《최고의 공부법》, 경향BP, 2014

7. 앙투안 드 생텍쥐페리, 《어린왕자》, 문학동네, 2007

8. 최복현, 《어린 왕자와 깊이 만나는 즐거움》, 책이있는마을, 2014

9. 이철환, 《위로》, 자음과모음(이룸), 2012

10. 박웅현, 《여덟단어》, 북하우스, 2013

11. 켈리 최, 《파리에서 도시락을 파는 여자》, 다산 3.0, 2017

12. 이토 모토시게, 《도쿄대 교수가 제자들에게 주는 쓴소리》, 갤리온, 2015

13. 엠제이 드마코, 《부의 추월차선》, 토트, 2013

14. 라이언 홀리데이, 《돌파력》, 심플라이프, 2017

15. 김성호, 《보이게 일하라》, 쌤앤파커스, 2016

16. 조성민, 《작은 가게 성공 매뉴얼》, 라온북, 2017

17. 김동욱, 《결국 컨셉》, 청림출판, 2017

18. 짐 론, 《내 영혼을 담은 인생의 사계절》, 더블유북(W-book), 2011

19. 팀 페리스, 《타이탄의 도구들》, 토네이도, 2017

20. 이나모리 가즈오, 《바위를 들어올려라》, 서울문화사, 2015

21. 조영덕, 《실리콘밸리의 폐기경영》, 플랜비디자인, 2018

22. 도리하라 다카시, 《일 버리기 연습》, 마일스톤, 2017

23. 그렉 맥커운, 《에센셜리즘》, 알에이치코리아, 2014

24. 고야마 노보루, 《아침 청소 30분》, 소담출판사, 2010

25. 김무귀, 《최고들의 일머리 법칙》, 리더스북, 2017

26. 강규형, 《성과를 지배하는 바인더의 힘》, 스타리치북스, 2013

27. 아카바 유지, 《1등의 속도》, 다산북스, 2016

28. 경진건, 《CEO 돌파 마케팅》, 라온북, 2014

29. 토드 홉킨스, 레이 힐버트 《청소부 밥》, 위즈덤하우스, 2006

30. 김승호, 《생각의 비밀》, 황금사자, 2015

31. 마쓰다 무네아키, 《지적 자본론》, 민음사, 2015

32. 도쓰카 다카마사, 《세계 최고의 인재들은 왜 기본에 집중할까》, 비지니스북스, 2014

33. 강은영, 《1억 3천 빚쟁이가 1년 만에 억대 연봉자가 된 비법》, 태인문화사, 2017

34. 야마구치 슈, 《읽는 대로 일이 된다》, 세종서적, 2016

35. 하형록, 《페이버》, 청림출판, 2017

36. 피터 드러커, 《성과를 향한 도전》, 간디서원, 2010

37. 사카토 켄지, 《메모의 기술》, 해바라기, 2003

38. 다니엘 핑크, 《새로운 미래가 온다》, 한국경제신문, 2007

39. 빅터 프랭클, 《죽음의 수용소》, 청아출판사, 2005

40. 브라이언 트레이시, 《타임파워》, 황금부엉이, 2013

41. 이지성, 《리딩으로 리드하라》, 차이정원, 2016

42. 리처드 바크, 《갈매기의 꿈》, 범우사, 1991

43. 빌 비숍, 《핑크 펭귄》, 스노우폭스북스, 2017

44. 미즈노 남부코, 《절제의 성공학》, 바람, 2013

45. 게리 켈러, 제이 파파산 《원씽》, 비지니스북스, 2013

《어쩌다 도구》는 당신을 돕기 위해
신이 보낸 천사다.

어쩌다 도구

초판 1쇄 발행 2019년 01월 01일
초판 5쇄 발행 2023년 02월 28일

지은이 이재덕
펴낸이 인창수
펴낸곳 태인문화사
신고번호 제2021-000142호(1994년 4월 12일)
주소 경기도 파주시 탄현면 참매미길 234-14, 1403호
전화 031) 943-5736
팩스 031) 944-5736
이메일 taeinbooks@naver.com

ISBN 978-89-85817-68-4 (03190)

재독 도우미

읽은 날짜

년   월   일

※ 다 읽은 날짜를 기록합니다.

읽은 소감

※ 이 책을 읽은 소감을 적어 보세요.

G - 좋은 글

예: P172

※ 감명을 받았거나, 마음에 와 닿는 글의 페이지를 표기합니다.

I - 아이디어

예: P82

※ 아이디어가 떠오르거나, 아이디어에 도움이 되는 글의 페이지를 표기합니다.

이재덕 작가가 만난
3P자기경영연구소 도구를 만날 기회!!

3P셀프리더십

26년 동안 실제 현장에서 체득한 자기 경영의 원리, 사례, 노하우를 소개하고 이를 실천할 수 있는 도구인 3P바인더를 제공함으로써 변화와 성과를 창출할 수 있도록 돕는 교육 프로그램

교육명	내용	시간	대상
3P 프로과정	3P바인더를 활용한 셀프리더십 과정 강규형 대표의 27년의 노하우가 진하게 녹아 있는 셀프리더십 명강의 ★★★★★ 본 강의를 사랑하는 사람에게 추천해주고 싶으신가요? 수강생 98%가 YES – 셀프리더십의 이해와 동기부여 – 성과를 내는 3P바인더 활용 방법 및 워크숍 – 프로페셔널로 만드는 3P 핵심 콘텐츠 습득 [기록관리/시간관리/목표관리/지식관리/업무관리/독서경영]	8시간	경영자 직장인 전문가 대학생
3P 코치과정	3P바인더 업무 적용, 성과 창출과정 (코칭과정) – 바인더를 업무에 적용하기 위한 워크숍과 그룹 코칭 – 메인바인더와 서브바인더를 활용한 성과 코칭 진행 그룹 성과 코칭	2개월 과정	3P프로과정 수료자
3P 마스터과정	3P셀프리더십 전문코치 및 강사 양성 과정 – 3P 콘텐츠의 철학과 교육원리 – 전문강사 활동이 가능한 3P 콘텐츠 교수법 전수 – 강의를 위한 개인별 PT 제작 코칭 BMRT (Binder Master Round Table)	4개월 과정	3P코치과정 수료자

3P독서경영

적용하는 독서를 통하여 스스로 삶의 변화를 만들어 나가는 출발점이 되는 과정입니다.

교육명	내용	시간	대상
독서, 토론, 적용을 통한 성장방법을 배울 수 있는 과정 **독서경영 기본과정**	– 독서능력 향상 / 독서와 삶에 대한 인식 변화 – 업무와 삶을 변화시킬 수 있는 독서법 습득	8시간	대학생 일반인
독서와 적용으로 현업의 전문화, 독서모임 조직 **독서경영 리더과정**	– 6개월 독서과정으로 '독서를 통한 스페셜 리스트 양성', '나비 모임 조직', '동반 성장을 위한 학습 공동체 구성'	6개월 1박2일 워크숍 6회 R.M.R.T. 진행	독서경영 기본과정 수료자

오피스 파워 정리력

탁월한 성과는 나의 업무 상태를 진단하고 "정리,정돈"하는 것에서부터 출발합니다. 업무 성과를 올리는 원리와 실제적이고 구체적인 솔루션을 제시합니다.

직장인 CEO	교육명	내용	시간	대상
	정리되지 않는 업무를 탁월한 시스템으로 만드는 **오피스 파워 정리력 과정**	– 업무능력 700% 올려주는 정리,정돈의 개념 – 심플하고 강력한 3C 분류법을 통한 서류 정돈 – 업무, 메모, 독서 등 각 분야별 매뉴얼 정리법 습득	8시간	직장인 사무직 종사자 원장/CEO

3P자기경영연구소

송파구 법원로 127 대명벨리온 406호
문의전화 : 02-2057-4679

다양한 3P소식, 제품과 교육상담을 원하신다면?

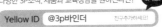

Yellow ID @3p바인더 친구추가하세요!

공식 홈페이지 : www.3pbinder.com
인터넷 강의수강 : www.3pedu.com

😌 "삶에서 중요한 도구들이 참 많다. 그리고 도구를 적절하게 사용하는 방법이 무척 중요하다. 나의 업에 대해 확신을 갖지 못하고 방황하던 시절 이재덕마스터는 나에게 꼭 필요한 도구를 알려주고 사용법을 알려주었다.

지금은 독서와 바인더라는 도구로 새 삶을 살고 있다. 변화를 원하는 사람에게 이 책은 엄청난 의욕을 전해줄 것이다."

독서리더 13기, 코치 27기 박진영

😌 "'어쩌다' 재덕 오빠의 글을 윤문하게 되었다. 직접적으로 부탁을 받은 것은 아닌데, 그냥 그러고 싶었다. 글을 읽으면서 더 애정이 갔다.

재덕 오빠는 그런 분이다. 그분의 진심이 상대방을 끌어들인다.

어쩌다 보니 출판사 대표와 디자이너와의 미팅에도 참석하게 되었다. '책은 혼자 쓰는 것이 아니구나'라는 생각이 들었다. 그동안의 저자의 삶은 물론, 많은 분들의 도움이 들어간 만큼 값진 책이다. 읽으면 읽을 수록 그의 진심과 열정을 느낄 수 있다.

여러분도 '어쩌다' 알게 된 기회들이, 사람들이 있을 것이다. 그것을 단지 우연으로 넘기지 않으셨으면 좋겠다. 이 책도 마찬가지이다. '어쩌다' 읽고 마는 것이 아니라, 비장의 무기 4가지를 꼭 장착하여 보다 좋은 성과를 얻기를 진심으로 바란다."

멘티 송이슬

😌 "그의 글을 가장 먼저 읽는 영광을 가졌다. 어쩌다 일대일 강의를 듣게 된 우연에서부터 알게 된 이재덕이라는 사람은 가끔 만날 때마다 무시무시하게 달려나가는 것이 보였다. 그가 만난 도구 '力'이 모두에게 확실한 방향을 전해줄 것이다."

《어쩌다 도구》 디자이너 서보영

👀 "이 책의 저자를 위하여 기도할 때마다 초격차를 이루는 사람이 되게 해 달라고 했습니다. 그러나 이분은 '내가 따라갈 수 없는 격을 갖춘 사람이 아니라, 나도 따라갈 수 있는 사람으로 함께하고 싶다'고 합니다. 수학의 정석, 바둑의 정석이 있듯이 독서에도 정석이 있는데 그 독서의 정석을 제대로 밟아오며 몸으로 부딪쳐 깨우치고 적용한 것을 그대로 삶을 살아가는 사람. 독서력, 정리력, 즉시력으로 선한 영향력을 끼치는 사람이 있다면 이 책의 저자입니다. 겸손하고 열정이 넘치는 고수, 확신할 수 있는 것은 이 책을 접하는 모든 사람마다 나도 할 수 있다는 생각을 갖게 될 것입니다. 이 책을 적극 추천합니다."

강동 성서 침례교 최육열 목사

👀 "어제같이 양복입고 배낭 메고 케리어 끌고 대구에서 서울로 오가면서 3P바인더 공부하러 다닌다더니. 벌써 책이 나온다니 엄마로서 마음이 설레는구나. 너의 책을 읽는 모든 분들이 마음의 문을 열고 행복한 생활에 도움이 되었으면 하는구나! 인생에는 공짜는 없단다. 노력하는 만큼 결과가 나오는 것이니까. 아들! 모든 사람들의 빛이 되었으면 좋겠다."

이재덕 작가 모친 송계순